ちくま文庫

普段着の住宅術

中村好文

筑摩書房

目次

普段着の住宅術

「小屋」から「家」へ

小屋

「男の子は樹上に家を持ち、女の子は人形の家を持つ」

ずいぶん以前になりますが、フィリップ・ジョンソンの著作集の中でこの寸言を読み、その言葉のイメージに胸をつかれる思いをしたことがあります。きっと、この言葉が少年時代にまっすぐに繋がる記憶の糸で結ばれているからに違いありません。最近はあまり使われなくなった表現ですが、本当は「胸がキュンとした」と書いた方が気持ちにぴったり来るほどでした。

そうです、少年なら（もちろん少女でも）だれもが樹上の家を持ちたいと願ったことでしょうし、何人かの人は、実際にその家作りに汗を流した経験を持っていると思うのです。

「私ですか？」もちろんそういう少年でした。なにしろ海岸の松林の中で育ったものですから、少年時代は、多くの時間をせっせと木登りに費やして来ました。もちろん子供のことですから本格的な木の上の家までは出来ませんでしたが、枝振りを利用して板切れや竹や古毛布で巣のような居場所を作ったり、寝椅子みたいなものを造りつけたりして愉しんでいました。つまり、一種の樹上生活者だったわけですね。そんなわけで、私は今でも木登りを自分の数少ない特技のひとつに数えています。その「樹上生活者」は家に居る時は一転して「あなぐら派」に変身するのでした。というのは、家では押入の中に自分の空間をしつらえ、電気スタンドなどを持ち込んで探偵小説を読んだりしていたからです。つまり、居心地の良い場所を自分で探しだし、時には工夫して作りだし、そこに居るのが好きな子供だったわけです。

そういう少し変った性向の子供が大人になった結果がご覧の通りです。結局、こうして人様の居心地にまで口を差し挟んだり、手を貸したりする建築家というお節介な職業についてしまいました。

なにしろ出自がそういう次第ですから、当然ながら、今でもやはり小屋的な建物には強く惹かれます。たぶん、小屋のイメージが私の建築の原風景ということになるのでしょう。

丸太小屋、水車小屋、炭焼き小屋、番小屋……「小屋」と名の付く建物は、いつでも私の気持ちをくすぐり、胸騒ぎさせる妖しい魅力があります。

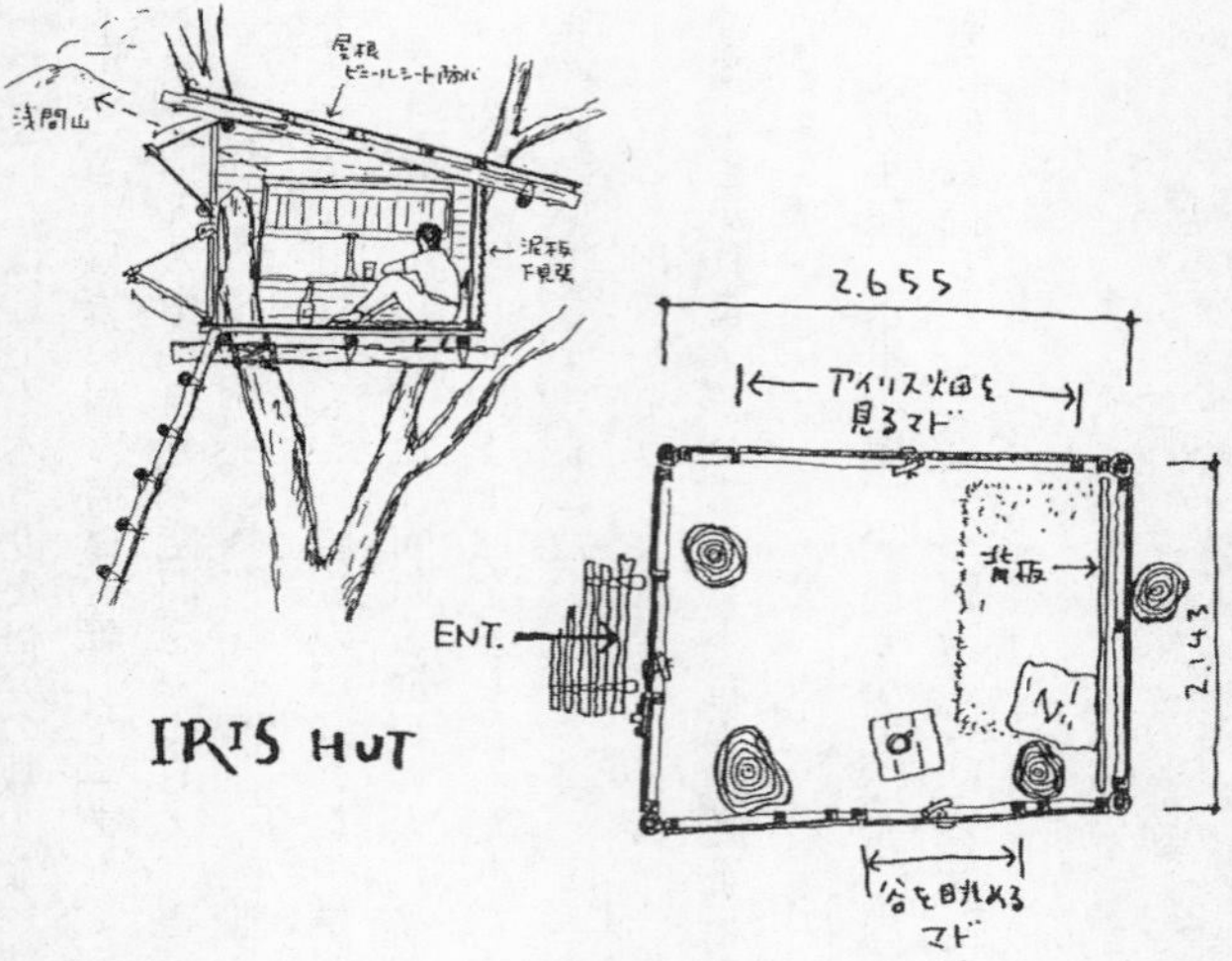

アイリス・ハット（1982年）

ことは旧聞に属する。この小屋は浅間山の麓、一面のアイリス畑のかたわらにある、絶好の枝振りの胡桃《くるみ》の大木につくられた。もともと、これは私自身の建築遊びの産物で、作品と呼べるような代物ではない。子供の頃から私の見果てぬ夢であった、そこに寝泊まりのできる本格的な木の上の家が、中年になってからめでたく実現できたのである。この「自力建設」には、当時の私のゼミの学生たちが参加している。カラマツの丸太、同じくカラマツの挽板、垂木一束、コンパネ数枚、麻縄などの粗末な材料を用いて、丸５日間でつくり上げたこの小屋を、私は自分の別荘として愛用していた。

アイリス畑から見上げる「小屋」。枝振りと手持ちの丸太の数から「小屋」の規模と外観のデザインが決まった。

小屋内部　中央の床に座り込み、背もたれに寄りかかると、右の横長窓からアイリス畑、左の窓から谷を眺めることができる。

営巣本能

その「小屋」を訪ねて、これまでにずいぶん色々なところを旅してきました。ウォールデン・ポンドのほとりに、あの「森の生活」のヘンリー・デヴィッド・ソローの小屋が復元されていると聞いて、その小屋ともともと小屋の建っていた跡を訪ねたり、アルヴァ・アアルトの設計した彼自身のためのサウナ小屋の様子をフィンランドまで覗きに行ってみたり、韓国のオンドル小屋を見学して歩いたりしました。

晩年の高村光太郎が独居自炊していた岩手県太田村の小屋の光景は今でも私の心に住み着いていますし、リチャード・

マサチューセッツ州コンコードのウォールデン・ポンドのほとりに復元されたヘンリー・デヴィッド・ソローの「森の家」。広さ約4.2坪。

ロジャースの半分地面に埋もれたキャビン（小屋）の中にもいつかきっと潜り込んでみたいものだと考えています。また、時空を超える旅が出来るなら、鴨長明の方丈なんかはぜひともまっ先に訪ねてみたい小屋のひとつです。

たかが「小屋」に、なぜそれほどまで執着するのか、自分でもその気持ちを分析出来ずにいるのですが、ある時「小屋」と「家」を比較してみて、「小屋」にあって「家」にないものが見つかれば、それが「小屋」の魅力と言えそうだと気づいたとたん、《営巣本能《えいそう》》という言葉が脳裏にひらめきました。この言葉で胸の裡の暗闇に小さな灯がともる思いでした。そう、「小屋」にはともすれば人間

南仏カップ・マルタンに今も残るル・コルビュジエの「休暇小屋」(1952年)。

が忘れかけている《営巣本能》が鮮やかに、しかも直接的に投影されており、それが私の胸を騒がせ心をくすぐるのです。

そのことを、私は南仏コートダジュールのはずれにあり、私がもっとも足繁く訪ねたル・コルビュジエ自身の休暇小屋で強く感じました。その小屋は、世界を股にかけ様々なスタイルとアイデアを盛り込んだ「家」を数多く設計してきたル・コルビュジエが、その「家」から、用途といわず、機能といわず、構造といわず、設備といわず、何から何まで切り捨てられるだけ切り捨て、切りつめられるだけ切りつめた結果残ったル・コルビュジエの強烈な体臭の染み付いた《営巣本能》の形だったのです。そして、逆にそこから「小屋」が「家」に孵化《ふか》する直前のうごめきのようなものも、私はひしひしと感じずにいられません。行くたびに金縛りにでもあったように立ち去りがたく、長い時間その室内にたたずんでしまうのは、その誕生のドラマが小さな室内一杯に充満しているからに違いありません。

「でも、一部屋では困る時がなくって？」

さて、それでは「小屋」から「家」に移行するときにはどんなキーワードがあるのでしょう？　これもなかなか難しい問題ですが、答えとは言えないまでもヒントらしきものが、私にはあります。読者の中でこんなことに興味がおありの方はどうかこのヒントの先の答えを探ってみて下さい。

ヒントもやはり「小屋」の中にありました。正確には「小屋」の計画案の中にです。夭折《ようせつ》した詩人、立原道造は建築家としても将来を嘱望された才能の持ち主でしたが、残念ながらその短い生涯に実現した建築作品はひとつだけで、かわりにいくつかの魅力あふれる計画案を残しました。そのうちのひとつが「風信子《ヒアシンス》ハウス」という小住宅の計画案です。この小さな家は最初、彼自身の書斎兼寝室として計画されましたが、

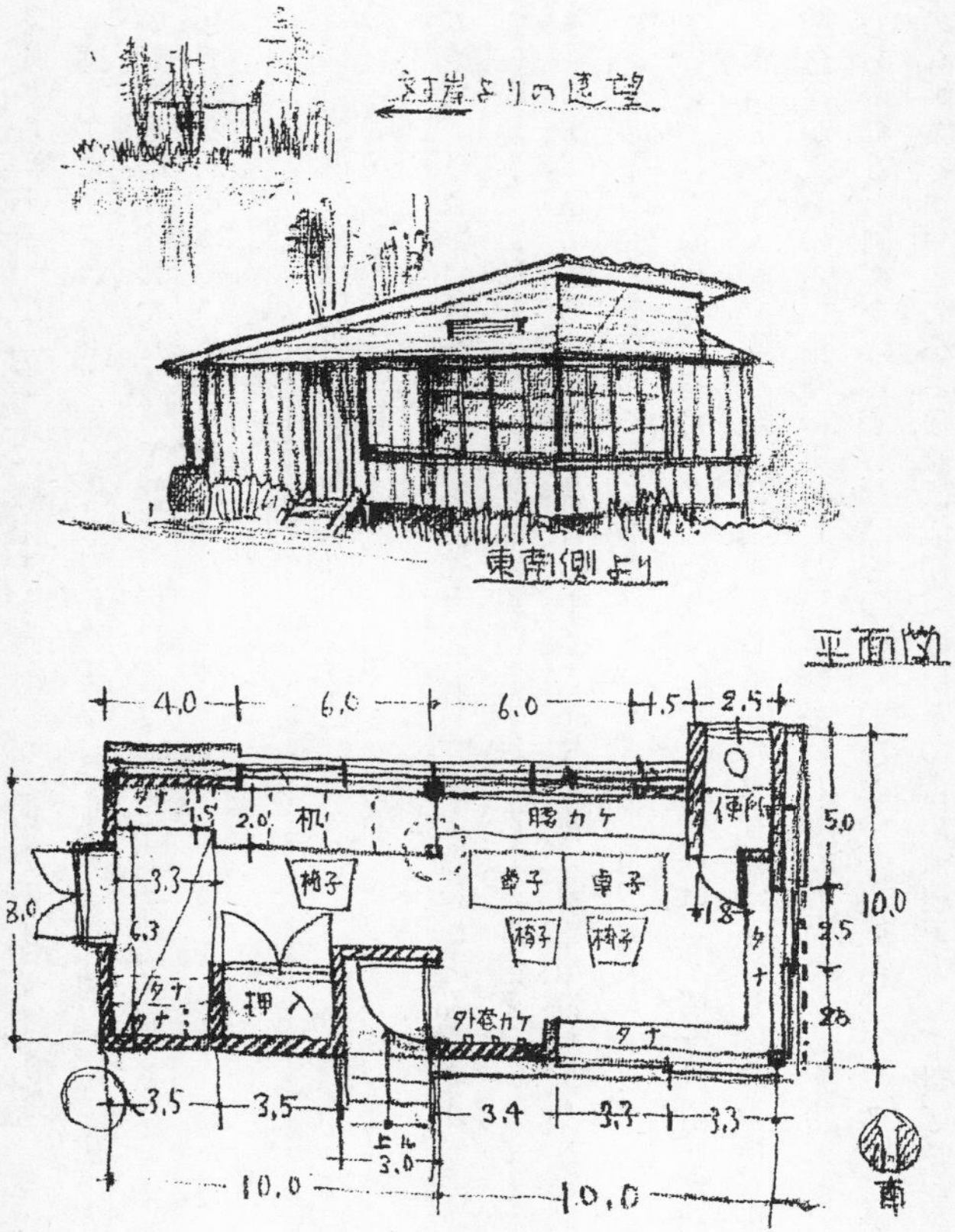

立原道造のスケッチ「風信子《ヒアシンス》ハウス」。（資料提供：立原道造記念館）

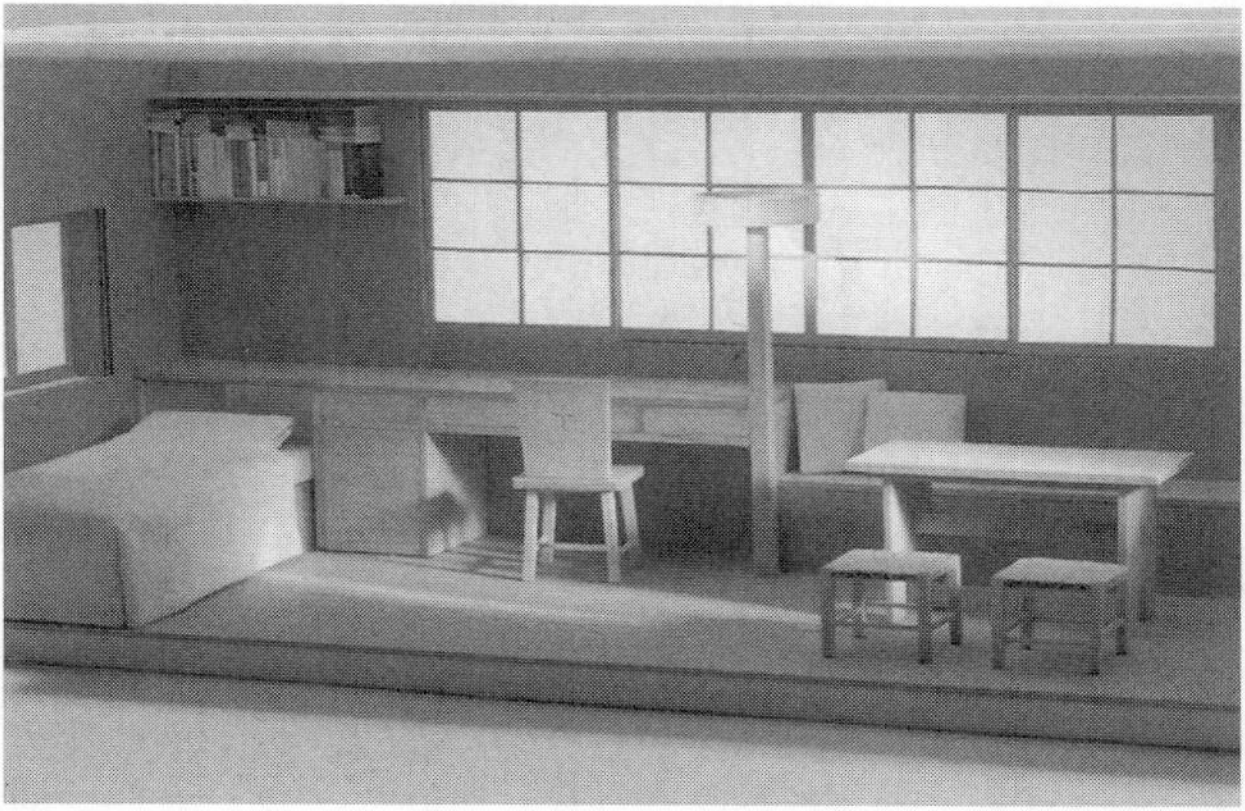

「風信子ハウス」スケッチをもとに製作した室内模型。（製作：若林美弥子　写真：野中昭夫／芸術新潮）

立原道造はちょうどそのころ水戸部アサイという女性との結婚を考え始めており、その小住宅はふたりの新居となる可能性もありました。図版からお分かりいただけると思いますが、別所沼のほとりに建ち、かたわらにポプラの樹の植えられた外観は、若い詩人とその妻の夢と生活をかくまう簡素な小筺《こばこ》のような愛らしさです。

そして、注目すべきは、そこがワンルームの住まいであったこと。ここでぜひともアメリカの建築家、エーリッヒ・メンデルゾーンの残した「建築家はワンルームの建物によって記憶される」という名言を想い起したいものです。立原はこの計画案には相当な思い入れがあったらしく、同じような室内パースを六枚描いていますが、そのパースに家具までがちゃんとデザインされて描き込まれていることが特に私の興味を惹きます。

余談ですが、ここで、ふとその広さが気になって計算してみたら四・四坪、偶然ですが、コルビュジエの休暇小屋とほぼ同じでした。よく見るとほかにも、造りつけのテーブルや、部屋の隅に押しやられた狭いトイレ、入口付近の壁に取り付けられた外套かけのフックなど、なんだか休暇小屋と似たようなアイデアや共通点がたくさん発見できます。

さて、小川和佑氏によれば、この計画案を水戸部アサイに見せた時、彼女はその設計図を見ながら、遠慮がちに立原にこう訊ねたそうです。

「でも、一部屋では困る時がなくって？」

この計画案は立原としてはちょっとした自信作だったはずですから、きっと婚約者のアサイさんは目を輝かせ、手放しに喜んでくれると思っていたことでしょう。描いていた夢を破るこの現実的な言葉にたじろぎ、その指摘に鼻白む思いを抱いたに違いありません。

その時、立原は「そういう時は、ここに可動性のある中仕切りを付けるさ」と不機嫌に応えて図面の中にアコーデオン・カーテンのようなものを無造作に描き込んだといいます。私が、ヒントと言ったのは実はこのことです。いかにも女性らしい暮らしへの想像力から発せられたこの言葉を境目に「小屋」と「家」がここで鮮やかに分化しているように思うのです。

ひとつ屋根の下

ここまで書いてきて、私好みの住宅がワンルームか、そうでなければ限りなくワンルームに近い住宅であったことに、あらためて気づきました。ちょっと思い浮かべるだけでも、たとえば、フィリップ・ジョンソンの「ガラスの家」がそうですし、レマン湖のほとりにあるル・コルビュジエの「母の家」がそうですし、チャールズ・イームズ夫妻の「自邸」やチャールズ・ムーアの「シーランチ」などがそうなのです。日本なら、清家清の「私の家」や、吉村順三の「森の中の家」などが即座に挙げられます。

これらワンルームの住宅はどこか「小屋」的な気配を色濃く宿しており、どうやらそのことが私の心を捉え魅了するのです。

ワンルーム住宅のプランはごく単純でなければなりません。しかも機能的であり合理的でなければ住宅として成り立ちません。そして大切なのは、そこで営まれる生活も、とりわけ簡素でなければならないことです。

無駄のないシンプルな建物に、虚飾のない自然体の暮らし。それは棲み家と人の生き方が分かちがたく結び合った理想的な関係だと思うのですが、いかがでしょう。

「喰う寝るところ住むところ」という言葉がありますが、生活のすべてが「ひとつ屋根の下」にすっぽりと居心地良く、バランス良くおさまっていて、そのことがどこにいても気配として感じられる「家」が、私の身の丈に合った普段着の住宅ということになるのでしょうか。できれば、そんな住宅を丁寧に作り続けていきたいと思います。

MITANI HUT 1994

生活のための繊細で美しい木製の工芸品と、古画のような情感をたたえた彫刻をつくりつづけている三谷龍二さんは、この世界ではよく知られた作家である。その三谷さんのために「三谷さんの家」（次章参照）を設計してから、私たちは親しい友だちとなり、外国を一緒に旅したり、仕事で協働したり、ことあるごとに共通の時間を過ごしてきた。

その三谷さんのために、今度は工房のかたわらに簡素な小屋を設計することになった。「三谷さんの家」の続編の「三谷さんの小屋」である。設計といっても、この小屋は新築ではなく、その場所に建っていた既存の物置小屋を増改築したものである。

独り身の生活が不自由なく営めるようにという要望は、私にとっては「最小限住宅とはなにか？」という問いかけにほかならなかった。親友の依頼ということもあるが、「小住宅」以前の「小屋」に、私は長い間、深い関心と並々ならぬ興味を抱いてきたから、この仕事に勇んで取り組むことになった。

台所、浴室、トイレを完備し、来客を泊めることもできるように（自分が遊びに行ったときに泊めてもらうようにと書くべきか）するためには、既存の物置小屋の広さでは足りず、そこに水回りと寝室部分を増築し、合計八坪の小屋とした。南仏カップ・マルタンにあるル・コルビュジエの休暇小屋は、入口の廊下部分を入れると約五

上・増築した北側外観、右手は枕木を敷き詰めたアプローチ。(©新建築社)
下・増改築前の物置小屋。

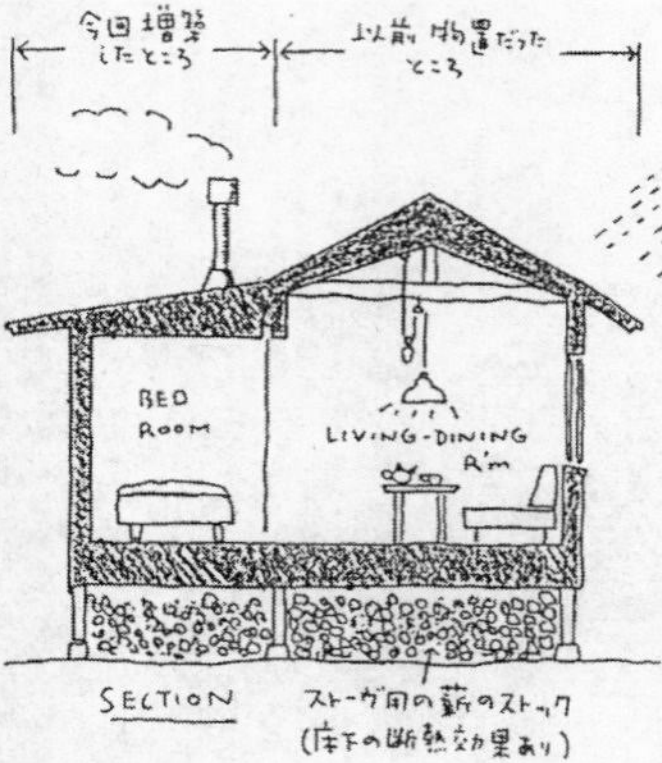

坪だが、あの小屋には浴室も台所もないのだから、八坪という広さは小屋の面積として、広すぎず、狭すぎず、まず妥当といってもよいだろう。

スペースに限りがある小屋では、家具のもつ役割が非常に大きい。いいかえれば、小屋の設計は、結局、家具のデザインに行き着かざるを得ないようにも思われるのである。ヨットの内部のような人間の動作寸法や行動寸法と密接に結びついた室内のしつらえ、飛行機のギャレー（調理室）並の使い勝手を備えた台所の設計、どれも限りなく家具デザインに近い仕事だからである。また一方で、この仕事は、「住宅の原型」について考え、住宅設計の出発点に立ち戻るという意味でもまたとない有意義な経験となった。

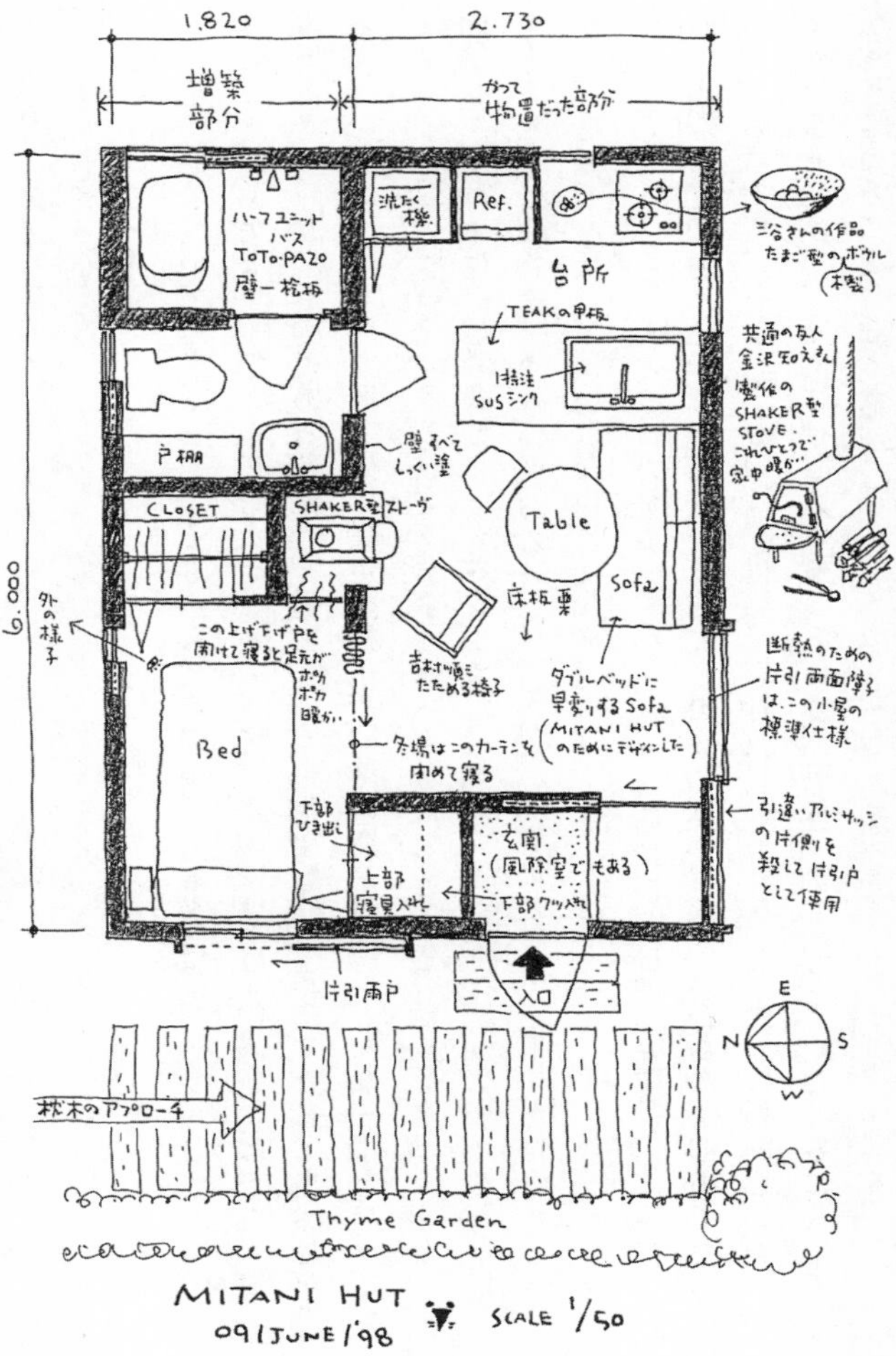
1,820
2,730
増築部分
かつて物置だった部分
ハーフユニットバス TOTO・PAZO 壁ー桧板
洗たく機
Ref.
台所
三谷さんの作品。たまご型のボウル（木製）
TEAKの甲板
特注SUSシンク
共通の友人金沢知之さん製作のSHAKER型STOVE。これひとつで家中暖か…
戸棚
壁すべてしっくい塗
CLOSET
SHAKER型ストーブ
Table
Sofa
床板栗
6,000
外の様子
この上げ下げ戸を開けて寝ると足元がポカポカ暖か…
吉村順三たためる椅子
ダブルベッドに早変りするSofa（MITANI HUTのためにデザインした）
断熱のための片引両面障子は、この小屋の標準仕様
冬場はこのカーテンを閉めて寝る
Bed
下部ひき出し
上部寝具入れ
玄関（風除室でもある）
下部クツ入れ
引違いアルミサッシの片側を殺して片引戸として使用
片引雨戸
入口
E
N
S
W
枕木のアプローチ
Thyme Garden
MITANI HUT
09/JUNE/'98
SCALE 1/50

設計ノート#1

窓の役割

住宅の窓について考えるとき、そもそも、その場所に本当に窓が必要かどうか検討することから始まり、窓の位置と大きさ、そして、その開閉方法の決定には、たっぷり時間をかけたいものである。採光と通風という主要な機能を満たすことは当然だが、その窓のフレームが切り取る外の景色の様子や、その窓が外観にどんな表情を与えるかの検討も大切である。開閉方法の選択もひと仕事である。引き違い、すべり出し、内倒し、上げ下げ、はめ殺し……とさまざまな種類から、機能や、使い勝手や、性能を考えた上で取捨選択するのである。(ガラスが拭けるかどうか、網戸が付くかどうかも、もちろん忘れてはいけない大切な検討事項！)

ところで……「明るく大きな窓を」という注文ならたびたび聞いてきたが、「フェルメールの光の射し込む窓を」という注文を出した依頼者は、三谷さんが初めてだった。この言葉で、窓というものは、自然光を野放しにではなく、充分に制御し、美しく変容させたうえで室内に招じ入れる、という崇高な役割も担っていたことに改めて気づかされることになった。

設計ノート#2

小さな家の間取り

この家の大きさは、どうやって決めたのかと、質問されることがある。「なかなか、いいサイズですね……」と。実は、この小さな家は、もとは物置として建てられたものに、最小限のベッドの空間と、浴室やトイレなどの水まわりを幅一間分継ぎ足したものである。つまり、とくに熟慮の設計というわけではない。しかし、家の中に入ったときに狭さを感じさせないよう、いくらかの工夫がしてある。たとえば、居室全体をひと目で見渡せるようにしたこと、天井を屋根勾配なりに高くし、その天井も壁も白一色にして室内を簡素にまとめたこと、ベッドに早変わりするソファや、「たためる椅子」など融通性のある家具を使用していること、部屋の重心を低めに設定し、室内をゆったり大らかな壁で囲む感じにしたことなどである。

小さな家の間取りを考える上でコツがあるとすれば、その小さな家で起こりうる生活のシーンを頭の中に思い描き、自分自身がそこの住み手となり想像の中で腰を据えて暮らしてみることに尽きると思う。アイデアも工夫も生活上の不都合も、すべてそのシミュレーションの中に詰まっている。

設計ノート#3

風景の中の家

風景の中にどんな建物をどのように据えたらよいか、いつもながらそのことに心を砕く。都会の市街地であれ、豊かな自然に囲まれた田園であれ、建物はその場所にふさわしく、似つかわしく建てたいと考えるからである。もとより私の設計は実験住宅でも前衛建築でもない。また時代を先取りする新奇や流行にも、とんと縁のない普通の建物である。目立つことよりも、なにげなく風景に溶け込むよう心がけてきた。いつもその家の前を通りかかる人が、ある日、「この家って、なんだかいいね」と、ふと呟くような、そんな家が私の理想なのである。

そういう意味で、この家の風景への馴染みかたは、まずまずであったろうと思う。切妻と片流れを組み合わせた屋根、黒く染めた南京下見の外壁、そして慎ましいサイズ。どこから見ても、誰が見ても、これはただの「小屋」であり、とても建築家が設計した建物には見えないからである。

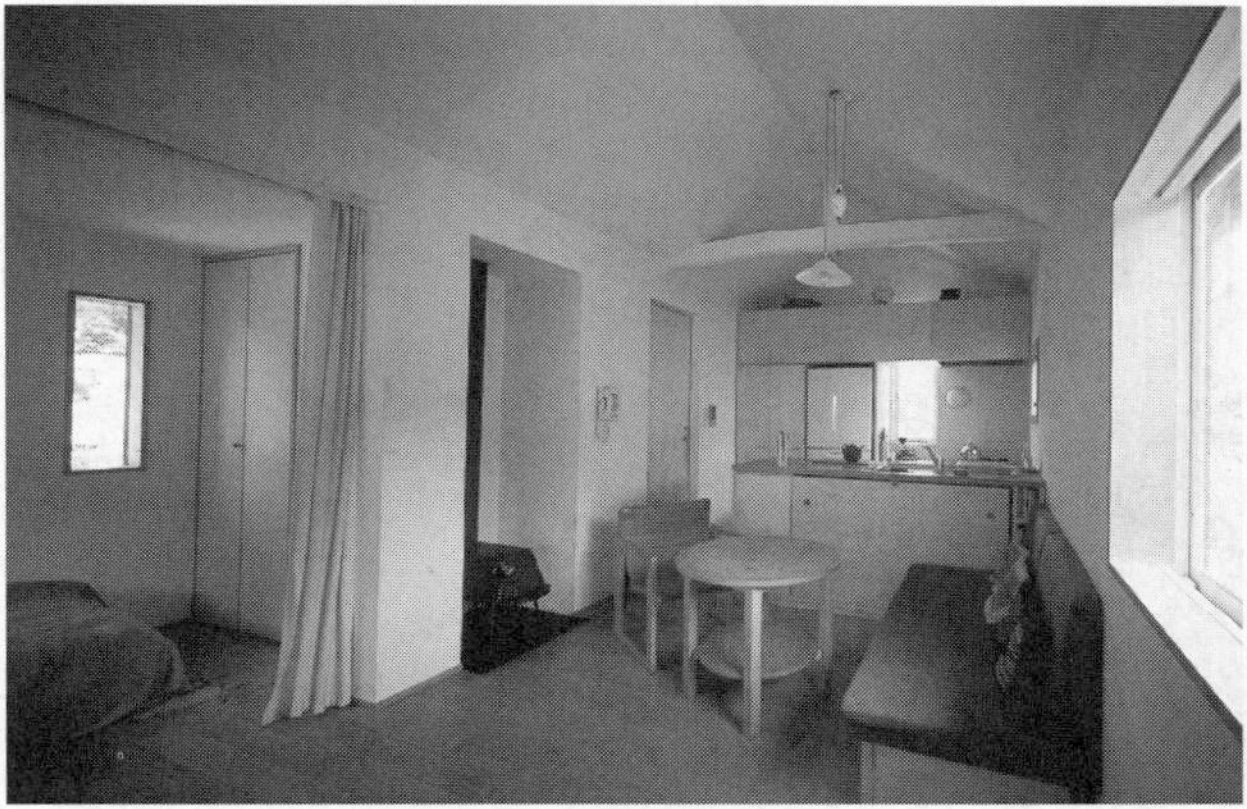

小さな家の間取りのコツは、自分が住み手となり想像の中でそこに暮らしてみること。©新建築社

設計ノート#4
確かな素材

先日、久しぶりで小屋を訪ねて、その床板が見違えるほど味わいのある色合いに変化し、艶やかに底光りしていることに気づき、目をみはった。しゃがみ込んで思わず両手の掌で撫でさすったほどである。床板は、三谷さんが永年、自分の仕事用に在庫していた秘蔵の栗の板材を縁甲板に加工し、床に張ったもの。つまり、思いのこもった床材である。「確かな材料」と言葉でいえばひとことだが、その確かさや魅力が本当に滲み出すまでには、人の手と歳月という、ふたつの雑巾でしっかり磨き込まなければならない

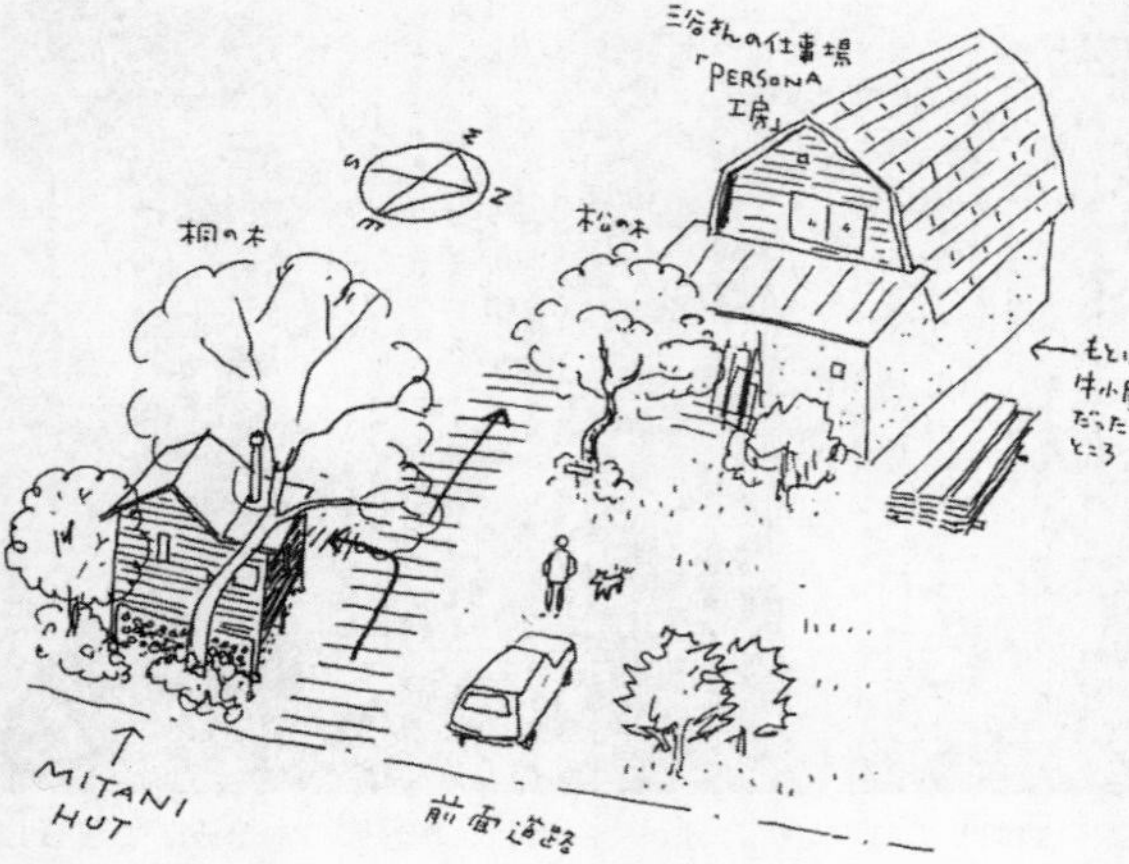

らしい。

さて、その歳月は、漆喰塗りの壁にも同様に染み込んでいた。小さな傷と多少の汚れ、古い葉書のようなうっすらとした黄ばみ、これを私は風合いと見る。古びたときに美しさを増す素材に囲まれて暮らす豊かさを言葉で語り尽くすのはむずかしい。自然素材は、その効能を声高に言い立てなくとも、ただそれだけで「いいもの」であることを、頭からではなく皮膚感覚として感じるべきものだと思う。

三谷さんの家　1985

敷地

松本市街を見下ろす小高い丘のほぼ頂上。美ヶ原の山ひだを手のひらで触るように眺めることができる。あたり一面のリンゴ畑。ただし、景色のよいぶんだけ風当りが強い。冬の気温は市内よりさらに四〜五度低くなる（気温はマイナス十五度になることもある）という。こののどかだが厳しい自然の中に、しゃれた都市住宅は似合わないだろう。杉板の外壁、切妻の金属屋根。リンゴ畑で働くおばさんたちとも、ひとつの風景の中でしっくりなじんでくれる簡素な建物を心掛けよう。

板張りの細長い建物は、大きな納屋や消えてゆく木造校舎へのオマージュでもある。

コレクション

年を追うごとに旅をする機会が増えている。当然たくさんの建築を見学する。ホテルに泊る。もちろん建物だけでなく、人を見る。物を見る。見聞が広がるということか。

そんな中から、いつとはなしに忘れられない空間や情景、心に残る居心地や細部のコレクションが出来上がってくる。

　韓国の小さなオンドル部屋に寝転がって見上げた壁と天井の紙貼りがよかった。ヴェニスのホテルの三・五メートルもあろうかという天井の部屋、その広がりと時代物の家具調度がよかった。高山寺石水院の木部の錆びた銀鼠色がよかった。ル・トロネの石の肌、ぎりぎりの装飾の抑制の効いた緊迫にしびれた。スカルパの建築の美しい細部《ディテール》たち。軽井沢の吉村山荘の暖炉の火を眺めて過ごす夜がよかった。ブルージュ市立美術館のファン・アイクの部屋に充満するフランドルの昼光。スイスの友人の家にある古風な入込暖炉《イングルヌツク》、その押入れの中に似た安堵感とぬくもりがよかった。サンマルコ修道院僧房のストイックな薄暗がり。丹波の民宿の縁側での日なたぼっこ、など。次から次へ数え上げれば切りがないほどだ。

　この建物のさまざまな部分が、こうしたコレクションからの穏やかな、あるいは、あからさまな影響を受けて出来上がっている。

素朴と忠実

「その建築を見せてもらおう。何にせよ素朴と忠実が大切、その気持ちでしてくれることに間違いのあろうはずはない」。

シェイクスピアのせりふである。傍点のところは本当は芝居という言葉が入っている。この建物は、施主の希望や自分の気持ちに忠実に、素朴な材料と工法でつくり上げたものだが、果たして間違いはなかっただろうか。

簡易型パッシブ・エアサイクル

寒冷地での建築の設計はある意味で結露との闘いである。室内や壁内部で結露が起こっていなければ、断熱の方法が成功していると考えてよいと思う。こういう家は暖かい。この家では外壁が二重になっていて、その外側の層を空気（冬期は床下換気孔と屋根裏換気孔を閉じて空気を密閉する）が自然対流する方法で断熱している。自然対流は太陽で暖められる南面の上昇気流と、北側で冷やされ下降する気流によって起こり、ゆるやかに循環する。空気の流れがスムーズで、かつ逆流しないように胴縁の打ち方を工夫した。床下には土間コンを打ち蓄熱のため割栗石を敷きつめてある。これで底冷えが完全に防げる。この簡易型のパッシブ・エアサイクル住宅は、どうやらうまくいっているらしく、寒さの厳しかった初めての冬を暖かく快適に乗り切ってくれた。やっかいな結露はどこにも起こらなかったと聞いている。

リンゴ畑の中にある杉板下見張りの建物は木造校舎へのオマージュ。

冬ごもり

玄関—台所—食堂のひと繋がりがこの家の生活の中心になっている。厳冬期には居間との境の大戸を閉ざし、暖房面積を小さくして冬ごもりの生活ができる。「寅さん」の実家とらやの茶の間のように、この小さな空間で何でも用を足してしまおうという魂胆である。電話は座ったまま手が届くし、ベンチの背もたれの中は、ちょっとした茶箪笥である。床暖房された台所の冷蔵庫脇では洗濯ができる。三歩も歩けば勝手口=玄関に出られる。ほとんどが木製建具のこの家では、開口部の詳細《ディテール》に特に気を使った。ここがヒートロスの一番の原因となるところだからだ。外側からガラス戸・雨戸・障子という順序にして、できるだけ空気層を設けている。ガラス戸の内側に雨戸を入れる方法は、師吉村順三のアドバイスによるものだ。矩折《かねお》りになった嵌《はめ》殺しの窓の障子は、苦心の末、二軸の回転式を考え出したが、これがウソのように軽快に作動している。

上から時計回りの順序で閉まる矩折りの障子。

入込暖炉《イングルヌック》

居間の中心に据えられた暖炉を囲む小さなコーナー。この小部屋そのものが大きな暖炉にも見えるつくりである。北イタリアからスイスにかけての民家にはこのイングルヌックがたくさん残っている。暖炉ひとつで部屋中は暖めきれないので、この中にもぐり込むというわけだ。こたつの西洋版だと思えばよい。オリジナルではここがいわば床の間的な性格を持っているためか、入口は美しく彫刻された大理石の枠や楣《まぐさ》で縁取りされている。この家では楣に錆びたH鋼が入れてある。いずれその刃《フランジ》の間に竣工年の西暦をあらわす〝ANNO 1985〟と彫り込んだ樫の厚板を入れ、気分を出す予定である。タイル貼りの床は床暖房、暖炉は実用一点張りのノルウェー製を使った。猛烈に冷え込む夜、暖炉を囲み、薪のはぜる音に耳を傾けるのもなかなかよいものである。

冬ごもりのできる居心地の良い小空間、イングルヌック。

物干し

このあたりでは、ほぼ一年中、安心して戸外に洗濯物を干すことができない。冬は凍りついてしまうので問題外だが、夏は夏で、頻繁に撒布されるリンゴ畑の消毒薬が気がかりになる。主婦たちは濡れた洗濯物を抱え、やり場のない怒りを覚えていることだろう。さて、この家には、やり場がある。食堂のベンチ上部の細長い吹抜けが物干しのための場所に使われる。日当りもよく、見上げさえしなければどこからも見えることはない。恰好の場所といえる。しかもここは空気の対流圏である。ベンチ下のラジエーターから暖かい空気がゆっくり上昇してくる。食堂の人たちを暖め、洗濯物を乾かし、子供室に入ってゆく。このとき、洗濯物は加湿装置の役目もしていることだろう。物干しはヨット用のステンレス金物で構成されている。たるみが出たらターンバックルで張り直すことができる。

食堂の造りつけのベンチ上部が２階分吹き抜けていて洗濯物干しのスペースになっている。

生活の機微に対する観察力と想像力をもって……

住宅設計の仕事というものは不思議なものですね。なんだか申し合わせたように同じような傾向の仕事が続くのです。私の場合、独立したての頃は画家や彫刻家や工芸家やデザイナーからの依頼が多かったので、住宅といえばいつもアトリエの確保のことばかり考えていました。ところが、そういう仕事の傾向というのもいつまでも変わらないわけではなく、たとえば季節が移っていくようにゆっくりと巡っていくらしいのです。

最近、私のアトリエで設計している住宅の傾向が大きく変化してきています。具体的にいえば、ここ一〜二年の間で設計した住宅（現在進行中のものも含めて）の約七割が、親子同居の「二世帯住宅」でした。ご両親と若夫婦家族という組合せがあり、母親（または父親）との同居があり、中には下半身不随の車椅子生活をされる父上を病院から引き取って同居するための住宅というのもありました。実は、この原稿を引き受けようかどうか迷っていたとき、訪ねてこられた方がやはり高齢者同居の住宅の依頼だったので、何か因縁のようなものも感じ、結局こうして原稿を引き受けることになりました。

今年（一九九四）は、日本の国民の七人に一人が六十五歳以上になる年だそうです。もはや「高齢化社会」ではなく「高齢社会」なのだと電話の向こうで編集者が教えてくれましたが、そのことは日々の仕事を通じてや、自分を取り巻く身近な人たちのこと（私にも八十三歳になる母がいます）を考えても、実感をもって納得できることです。

さて、そのように高齢者同居型の住宅を設計することが多くなり、また、実際に建てた後でその家族の暮らしぶりをあらためて身近に見る（あるいは観察する）機会が増えてきたわけですが、そのことによって私の中で住宅設計に対する考え方が少しずつ変化してきているように思います。

とはいっても、私のことですから「住宅とは何か」というような根源的で切実な問いかけがあってのことではありません。むしろそうした住宅に取り組むうえの設計上の「勘どころ」と「ツボ」について自分なりの手ごたえを感じ始めたといったほうが言葉としては適当でしょう。

たとえて言えば、若い人の服ばかり仕立ててきた仕立屋《テーラー》に年配の客が増えてきたような案配です。熟練の仕立屋《テーラー》なら老人の体型や動きを熟知しているでしょう

し、「年配者のボタンホールは幾分大きめにしておく」というような職業上の知恵もきっとあるに違いありません。その程度のことですが、高齢者同居住宅に取り組むうえでの知恵と心構えがわずかながら自得できたように思うのです。もちろん、お年寄りのことばかりいっているわけではありません。「勘どころ」というのは若夫婦と老夫婦の関係や、孫たちと祖父母たちの関係をどうとらえるか、そしてそれをどのように建築として消化するかというときに大切ですし、「ツボ」とはその住宅の実生活的、精神生活的な要《かなめ》のことにほかなりません。

＊

ここで話が少し脇道にそれるのをお許しください。昨年（一九九三）の暮、私は、設計した高齢者同居の住宅を、林昌二さんに実際に見ていただき、批評をしていただきました。批評そのものは、今こうして思い出すだけでもうなだれるほどの酷評だったのですが、それはさておき、林さんがその住宅をご覧になった後で、ふと漏らされた言葉も忘れられないものでした。それはこういう言葉です。

「住宅の設計者とクライアントは、だいたい同じぐらいの世代でないとうまくいかないものです。つまり、医者と同じでね、若い医者がどんな名医でも年寄りは信頼しないものです。こんな若造に自分の体の何がわかるか、という気持ちになってしまうのでね。逆もまた同じ理由でうまくいきません。だから、若い人に年寄りの住宅は設計できないし、年寄りに若い人の設計はできないのが当たり前なんです」。

尊敬する大先輩の言葉です。私はただ黙って拝聴していたのですが、黙っていたからといって賛成していたというわけではありません。林昌二さん独特の語り口と確信に満ちた言葉ですから、いつもなら「なるほど、さーすがぁ」とつぶやくところですが、立場上そうもいってはいられませんでした。なにしろ先ほども書いた通り最近の仕事の七割がそういう住宅なのですから、この言葉を受け入れることは自分の首が絞まることを意味するのです。

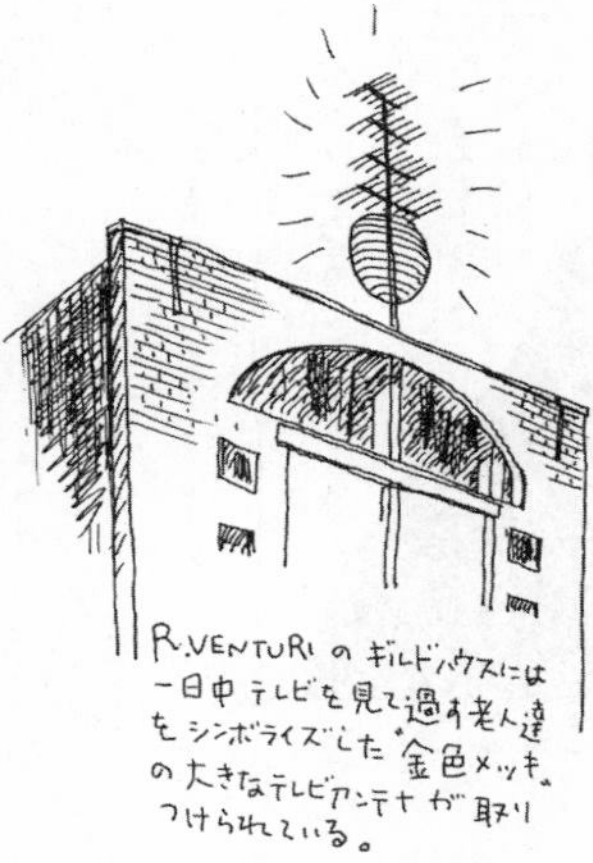
R.VENTURIのギルドハウスには
一日中テレビを見て過す老人達
をシンボライズした金色メッキ
の大きなテレビアンテナが取り
つけられている。

林さんのおっしゃることは、あるいは真理かもしれませんが、私としてはそうあっさりいい切ってしまうことで、建築家として何か大切なものが一緒に切り捨てられてしまうことを恐れていたのだと思います。

その「大切なもの」とは何だろうと、あれこれ思い巡らすうちに、小説や映画

ひとりになると
急に日がなごう
なりますわい。

東京物語の笠智衆

のことが頭に浮かびました。山本周五郎の『季節のない街』には「たんばさん」という魅力的な老人が出てきますが、あの老人を登場させ実に生き生きと描いてみせた山本周五郎は、そのときいくつだったのかなぜか気になってきました。また、映画『東京物語』では、笠智衆《りゅうちしゅう》演ずるところの妻に先立たれる老人がしっとりと哀感を込めて描かれますが、あのときの小津安二郎監督はまだせいぜい五十歳ぐらいだったことを思い出したのです。それから、『旅路の果て』や『八月の鯨』や『黄昏』という《老い》をテーマにした滋味深い映画をつくり出した人びとに思いを馳せたりしました。

つまるところ「観察力と想像力」の問

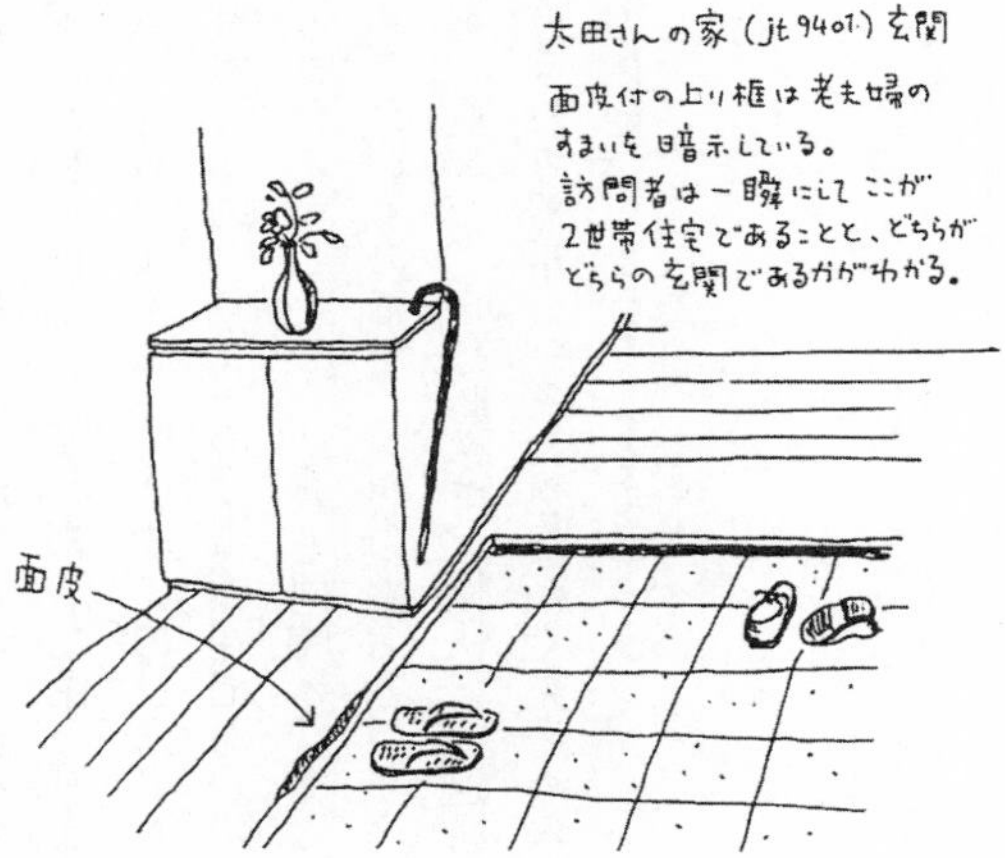
太田さんの家（jt 9407）玄関
面皮付の上り框は老夫婦のすまいを暗示している。
訪問者は一瞬にしてここが2世帯住宅であることと、どちらがどちらの玄関であるかがわかる。
面皮

題ではないでしょうか。優れた小説家や映画監督なら備えている、人間観察の能力と柔軟で自在な想像力は、建築家にも不可欠な能力に違いありません。「高齢者」といっても別世界の「特殊な人種」というわけではなく、結局は「あの人」のことであり、「この人」のことなのです。その人たちの暮らしぶり、行動、意見、しぐさ、好き嫌い、こだわり、喜びと悲しみ、生きがい……などに思いを巡らすことができる能力が建築技術のほかにも備わっているなら、事態はそれほど悲観的でないような気がします。

　さきほど「高齢者同居の住宅に取り組む心構え」のようなものが多少なりともわかってきたという意味のことを書きま

したが、それは、実は市井の人びとの生活の機微に対する確かな観察力と豊かな想像力をもたなければならないという意味でした。また、そういう住宅は、別荘やショールーム然とした生活感の希薄な住宅とは本質的に《ちがうもの》なのだということを肝に銘じておくことも心構えのひとつかもしれません。建築家は構造、設備、材料、性能などのプロフェッショナルであり、さらに芸術の理解者かつ表現者でなければなりません。しかし、それと同時に、あるいはそれよりもまず、卓越した人間観察家でありたいものです。人間の生活という雑駁《ざっぱく》で、矛盾に満ち、曖昧で、所帯じみ、滑稽で、皮肉で、自分勝手で、愉快で、退屈で、混沌とした代物を、まるごと穏やかに受け入れる器量と、それを暖かく見つめる眼が何よりも要求されるのが「高齢者同居型の住宅」だということでしょうか。

The Whales of August
海を見つめる老姉妹

コルビュジエの「UNE PETITE MAISON」

母のための家の仕掛け

一九九九年の春、以前一度見学したことのある、スイスのレマン湖畔に立つル・コルビュジエ設計の小住宅を訪れました。

この住宅は、ル・コルビュジエの作品集では「レマン湖畔の小住宅」というタイトルで紹介されていますが、一般的には「小さな家」、あるいは「母の家」として、知られている名作です。

わずか十八坪そこそこの小住宅ですから、二日間通った最初の見学訪問で、舐《な》めるようにくまなく見てきたつもりでしたが、帰ってから思い返してみると「あそこはどうなってたんだっけ?」というような箇所や、友人にこの住宅を説明しようとして写真を取り出してみると、説明に必要な肝心のところの写真を撮っていなかったりして、その落ち度の数々が気になっており、再度の訪問ということになったのです。念のため、今回も二日間の見学を申し込んでおきました。

ル・コルビュジエは、三十六歳のときに、この住宅を年老いた両親のために設計しましたが、残念ながら、父親はこの家にわずか一年ほど暮らしただけで亡くなり、その後、母親一人が、この家に三十六年間住みつづけ、一〇一歳の長寿を全うして一九六〇年に亡くなりました。つまり、この住宅は、正真正銘の「母の家」でした。

ここで、もう一度「落ち度」の話に戻りますが、気になっていたそのいくつかの部分は、わざわざ出かけて行ってその室内の空気に浸ってみると、不思議なことになんだかそれほど重要なことではなかったような気がしてきました。そして、かわりに、新たな興味が頭をもたげてきたのです。

数年前、初めて「母の家」に足を踏み入れたとき、私は、新進気鋭の建築家だったル・コルビュジエが住宅に対する斬新な提案をふんだんに盛り込んだモデル住宅として、この住宅を見、その真価を見極めようとしていました。

たとえば、行き止まりのない回遊性のある動線をもつ「建築的プロムナード」をじっくり味わいながらめぐり歩いてみることや、長さが十一メートルあるというル・コルビュジエご自慢の水平横長窓（この窓をリボン・ウィンドゥとル・コルビュジエは呼びました）の圧倒的な眺めを堪能することと、その窓が室内にもたらす効果について考察すること。また当時、ル・コルビュジエが盛んに提唱していた陸屋根《フラットルーフ》の屋上庭園というものを、実際にそこに上がって体験してみることなどがそれでした。

しかし、そのような建築オタク的な確認作業は前回やり尽くしているので、今回はもちろんパスです。それより私は、この住宅で営まれたル・コルビュジエの母親の穏やかな生活ぶりのことが気になりはじめていて、彼女の生活と暮らしを、今は、ほんの申しわけ程度の家具が置かれているだけの、そのガランとした室内に重ね合わせて想像してみることに時間と気持ちを集中させることにしました。

母親の寝室コーナーに置かれているル・コルビュジエが十代後半に彼女のためにデザインした愛らしい裁縫机や、壁に掛かっている母親の生存中に撮った室内写真などを眺めているうちに、住宅には、「そこに住む人がいて、日々の穏やかな暮らしがある」というごく当たり前のことに、なぜか、しみじみと想いをめぐらさずにはいられなくなったのです。

「母の家」は一九二四年の作品ですが、この時期は、ル・コルビュジエが華々しく建築界にデビューした頃です。ル・コルビュジエは、どんな仕事にも自身の建築的な主義主張のレッテルを貼らずにはいられない人でしたから、この「母の家」にもたくさんのレッテルを貼りつけました。それが、先ほども書いた「水平横長窓」であり、「屋上庭園」であり、「建築プロムナード」であり、「住むための機械」という言葉です。

しかし、建築の歴史的な評価はひとまずおいて、生活者の視点でこの住宅を見ていくと、その派手なレッテルの陰に、生涯にわたって深く母親を思慕しつづけた息子の、母親に対する一途で精いっぱいの心遣いが見えてきます。

上・道路側から見た「母の家」。交通量の多い道路の喧噪を、敷地の間口いっぱいに設けられた低い塀が遮っている。この道路が拡張されたとき、妻壁が塀の上に載る予備の寝室（コルビュジエ夫妻のための寝室）が増築された。
下・レマン湖と背後のアルプスのすばらしい景色を愉しむための窓。組積造では、窓は「縦長のもの」と相場が決まっていたから、この思い切った横長窓は、さぞかしセンセーショナルな建築的事件だったにちがいない。

この住宅を建てたとき、ル・コルビュジエの母親はすでに六十四歳になっていましたから、その母親がさらに高齢になっても、不自由なく、気持ちよく、愉しく過ごせるよう、ル・コルビュジエはさまざまなアイデアや工夫をこの住宅にせっせと盛り込んだのでした。

まず、最初に挙げなくてはいけないのは、床面積を切り詰めに切り詰めて、必要以上に大きな家にしなかったことでしょう。

設計当初、老夫婦が使用人を使わずふたりだけで暮らす隠居所として計画したのですから、動きまわるのにも、掃除するのにも広すぎず、建築費が安上がりで、維持管理にも余分な費用のかからない、質素な最小限住宅としたのです。

それでいて、ル・コルビュジエは、狭さを感じさせず、こぢんまりとした居心地のよさを目指し、その結果、非常に融通性の高い、回遊性のある動線計画が生まれました。

「建築的プロムナード」という言葉は、後からこじつけた建築的標語という気がしますが、「小さな家＝UNE PETITE MAISON」という呼び名には、ル・コルビュジエの会心の気持ちと満々の自信が込められているように思います。

さて、この住宅は長さこそ十六メートルありますが、奥行きはわずか四メートルし

食堂からゲストルーム越しに庭方向を望む。折りたたみ式のテーブルの上のZライト型の照明器具、ピアノのための回転移動式照明器具の笠。朝日の射し込む高窓など、小さな工夫の数々が見える。

かなく、見ようによっては広い廊下のような住宅です。その細長い空間に、居間も、食堂も、寝室も、浴室も、横並びに配置されました。目の前には美しいレマン湖と背後のアルプスの目の醒めるような眺めがあり、そこでの生活は、陽当りのよい縁側での日なたぼっこのようだったことが想像できます。母親は、きっとここで、旅先から次々に届くル・コルビュジエからの手紙*を読んだり、来し方行く末を思ったり、ピアノを弾いてみたり、古いアルバムをめくったりしながら、日がな一日気持ちよくゆったり過ごしたことでしょう。

こうした落ち着きのある、とっておきの居場所を用意するというのも、設計者に課された大切な課題だったにちがいありません。

また、兄のアルベールや、自分たち(ル・コルビュジエ夫妻)が訪ねて行ったときに、気兼ねなく泊まれるスペースがちゃんと確保してあるのですが、私は、それをあえて「孝行息子の間取り」と呼んでみたくなります。こうした平面計画だけでなく、年老いた母親の生活を便利に、豊かに、愉快にする小さな工夫は、それこそ数えきれないほどあります。

庭の片隅に湖に面して壁を設け、その壁にピクチャー・ウインドウの四角い穴を穿ち、テーブルを作りつけて室外の居間のようにしつらえたこと、ワインセラー兼用の保存食のための地下貯蔵庫(母親はサクランボジャムなどの保存食をつくるのが大好きだったそうです)をつくったこと、台所と洗濯室は明るく清潔で、整理整頓もしやすくデザインしたことなどが、まず頭に浮かびます。ほかにも、決してスマートとはいえない無骨な代物ですけれど、音楽家の母親のために特注製作したピアノ上部の移動式の照明器具、狭い空間を有効に使うための折りたたみ式食卓、朝日が差し込む東側の高窓、床に沈み込むベッド、湖を眺め、陽光のなかでゆったり浸かることのできるバスタブの位置、洗濯室に自然光を落とす天窓、扉裏に隠されてしまう洗面台、水平横長窓周辺の凝ったディテール、愛犬専用の踏み台とのぞき窓、野良猫の眺望テラスなど、ちょっとした遊び心のある楽しい工夫や仕掛けが、単調になりがちな年配者の住まいに祝祭的な生気を与えています。

それから、そうそう、配達された石炭を道路側に設けた扉から直接石炭置き場に落とすという、年老いた母親が力仕事をしなくてよい工夫なんかもしてありました。

注＊

ル・コルビュジエはたいへんな母親思いで甘えん坊の息子だったらしく（もしかしたらマザーコンプレックスがあったのではないかと、私には思えるほどなのですが）、旅先から母親にたくさんの手紙を書いています。この手紙の一部が「LE CORBUSIER/architecte artiste」というCD-ROMに収められていますが、その手紙を読むと、身内だけに見せるル・コルビュジエの意外な素顔を見ることができて、なかなか興味深いのです。たとえば、一九五〇年十二月二十六日には「お母さん、大晦日のパーティの七面鳥の代金を立て替えておいてください。後で清算しますから……」と少し甘えた調子の手紙を書いたりするのですが、その年号から計算すると、それが、なんとル・コルビュジエが六十四歳、母親が九十歳のときのことなのです。

NISHIHARA HAUS 1995

まず、クライアントのご家族を紹介しよう。西原氏は五十代の声楽家で、大学の先生でもある。夫人は主婦業のかたわら、ピアノを教えておられる。そろって音楽家夫婦である。子供たちが四人。そのうち親元を離れて暮らしている芸術方面を志す息子がひとり、同居している元気ハツラツ、談論風発のお嬢さん（家付き娘！）が三人いる。末っ娘は年が離れていてまだ中学生だが、長女と次女はもう立派に成人した働く女性である。そして、この家族の扇の要《かなめ》に見受けられるのがお祖母ちゃん（夫人の母親）で、小さいながら独立した台所や水回りの設備をもつ部屋に住まわれることになる。

つまり、唯一の男性である西原氏と十代はじめから八十代後半までのさまざまな年代の女性五人（ほかにメスの犬も一匹いる）の合計六人の住む住宅が《西原ハウス》である。いってみれば「女の一生」がそのまま家になったようなものである。

さて、その「女の一生」の主役の面々からの要望と注文がどのようなものであったかは、ここではあえて書かない。が、読者には、ぜひ、そこのところを深くお察し願いたい。加えて、西原氏のバリトンのドスを効かせた注文もあった。たとえば、氏自身の地下のスタジオにはグランドピアノとアップライトピアノを入れたうえで、十人ぐらいのコーラスのメンバーが、ティーテーブルを囲んでゆったり座れるソファと、たくさんの本や楽譜の収納できる本棚と、可動式のオーディオ機器収納棚と、由緒ある古い大型の書き物机とが、せせこましくない感じでおさまってくれる天井の高い（天井高は最低三メートルを確保してほしいという強い要望あり）声楽のための音響に優れた部屋であればそれだけでよい、あとは、なーんにもいりません、といった程度の西原氏にとってはごくささやかな注文がそれである。

法的に許される最大限の空間を、隅から隅まで徹底的に利用し尽くして、家族みんなのための空間とそれぞれの空間を確保し、スタジオとレッスン室を確保し、暖炉を囲む空間を確保し、お嬢たちのシャンプー室と読書室（たたみ一畳の小空間）を確保し、光と風を確保したうえで、これらをメビウスの動線で慎重に縫い取った。さらに、外部にはベランダを設け、犬と草花のために小さな庭ふたつとカーポートを（ぜひ残してほしいという数本の樹木を保存しながら）ひねり出した。こうして、愛すべき人たちの住まいへの健全な夢と思い入れを満載した、一見簡素で、実はたいそう欲張りな家が完成した。職人衆の親身にして献身的な仕事に助けられたことはいうまでもない。

住み継ぐ心意気

新築のために取り壊した古い日本家屋は西原氏の育った実家である。家とその庭には思い出もたくさん染み付いていた。解体前に立ち会って手を加えれば何とか使えそうなエッチング硝子や照明器具、真鍮のドアノブなど家の断片をあらかじめ外しておき、それらを新居で再使用した。庭の樹木も同様である。大部分は取り払ってしまったが、数本の木はそれを残すための設計上の制約を抱え込みながらそれでも踏ん張り、かろうじて残した（南庭の松の木を残すために基礎の平面形は根回りをよける大きいコの字型にしてある）。残った樹木の存在は住み継ぐ心意気をもったこの一家の生き方のスタイルを象徴しているようである。

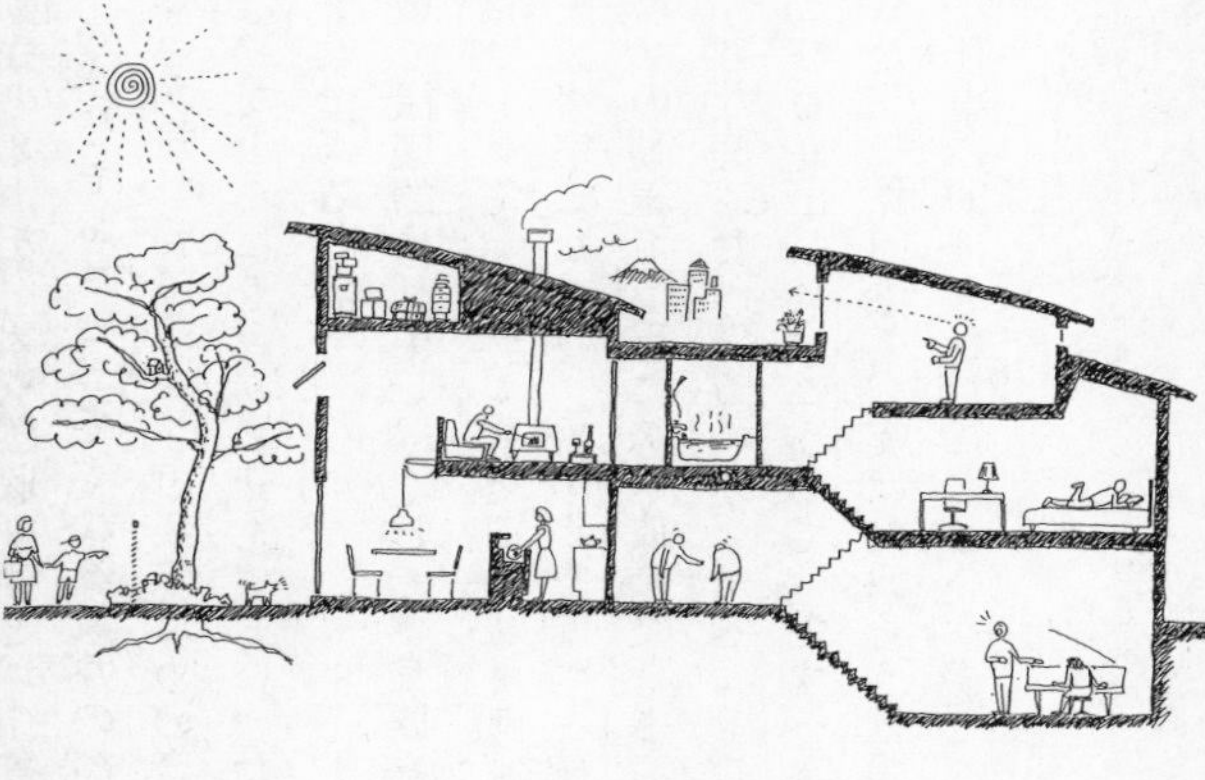

道遠し

西原氏のすがりつくような強い要望があってこの住宅にも暖炉のあるコーナーをしつらえることになったのだが、それならいっそ、このさい積年の暖炉の課題に「ケリをつけたろやないか」という「おう、おう気分」になった。居間の片隅の壁をヘロリと曲面にめくりその下で火の焚ける暖炉には、掃除や後始末を容易にする工夫、安全性への配慮、ダンパー（空気を調節する装置）の操作性、新鮮空気の隙間風感のない取り入れ方とその調節の方法、キャスター付きの薪置きなどなど、これまでの経験と観察と失敗の成果を総動員して、暖炉まわりの小癪な乱麻を一挙に断ち切った……つもりだった。が、実はファイアスクリーンにまだ問題があった。先日、撮影の立ち会いで久し振りに訪ねてみるとソファの座面に、はぜた火片による焼け焦げの跡がこちらを嘲笑うかのようにくっきりと付いていたのである。日暮れて道はまだまだ遠い。

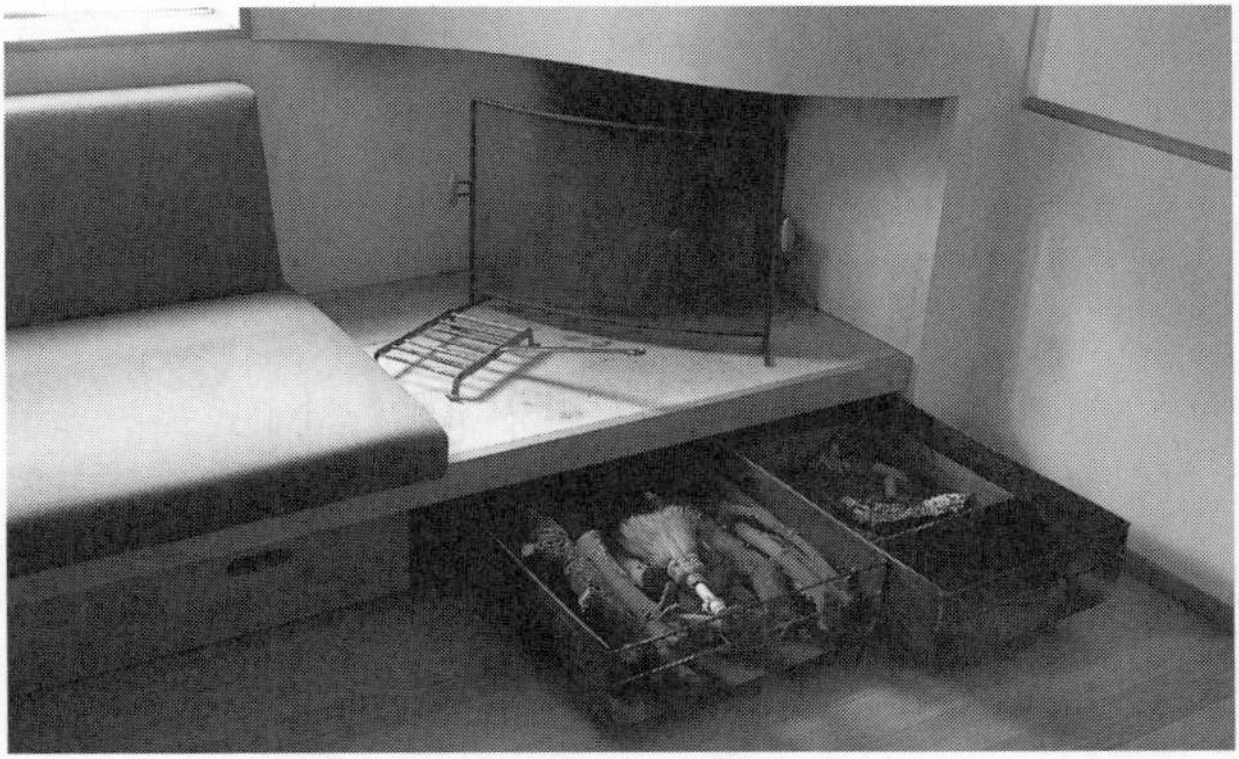

暖炉の下にはキャスター付きの薪置きと水を張ったバットが収納される。

掌《たなごころ》で包む空間

そろそろ白髪頭が目立つ年頃なのに、私は、子供のころ押入に潜り込んで過ごした悪癖が抜けないらしい。毎度のことながら、掌で包みたくなるような小さな空間に魅了され執着してしまう。この住宅では、設計段階から階段上部の本来なら吹抜けにでもしておく空間が気にかかっていたのだが、工事中にふとしたきっかけで、ここを一畳敷きの部屋にすることにした。壁、天井和紙貼りの空間には躙口《にじりぐち》から潜り込む。窓がひとつ、背もたれの板と読書灯が付けてある。私はここをひとり用の「読書室」または「昼寝室」のつもりでつくったのだが、折悪しくオウムの年（一九九五）であり、周囲は口々に「瞑想室」と呼んでいた。

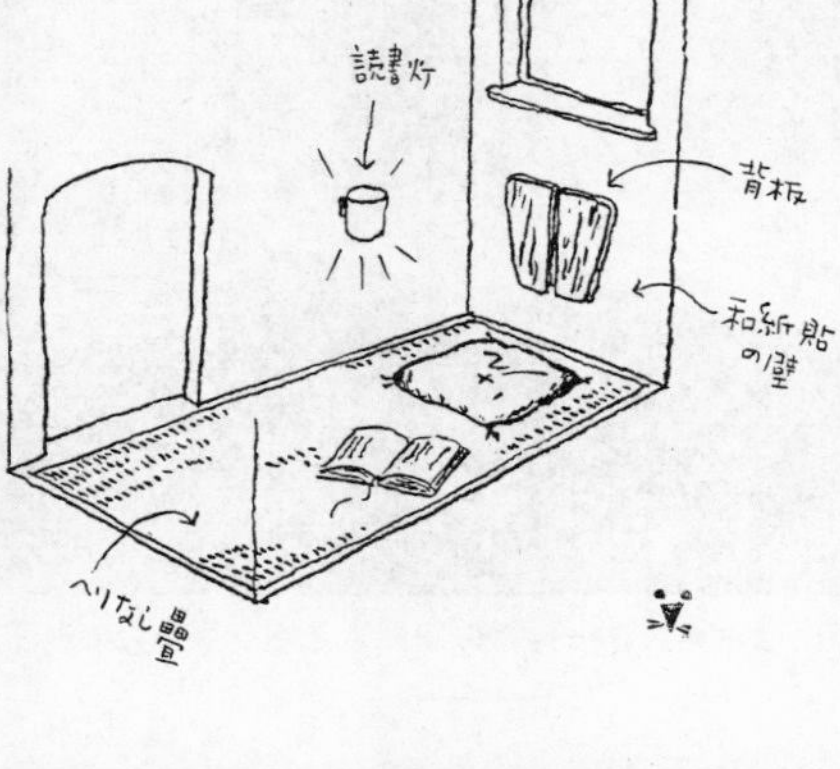

健啖一家

西原氏は魚料理に腕をふるったりするなかなかの料理人だし、次女はお菓子づくりのプロである。そして、当然ながら一家はそろって健啖家である。というわけで、台所は男女とりまぜ三〜四人は一緒に仕事できるゆったりサイズにしてある。先日、天候の崩れで雑誌の撮影が中断したとき、「じゃあ、みんなでお昼でもつくって食べよう！」ということになり、手もち無沙汰だった私がシェフ役をかって出て、長女、次女のふたりと一緒に七人分の料理に励んだ。そういえば、自分の設計した台所で働いてみるということを最近あまりしていなかったことに気づき、反省する。やはり、家が完成したらお客としてではなく住み手の立場で家事をしてみたり、ゆっくりお風呂に入ってみたりしたいものである。おかげで「お菓子プロ」からオーヴンの問題点を指摘され、自分でもシンク回りのいくつかの改善点を発見する。

竹差しフェンスの工事要領
建物は通行人の多いふたつの道路に面している。外から中が見えず、内部からは外の様子が窺えて、通風も可能なフェンスが必要だった。しかも、できれば自然素材の優しい感じが望ましい。薄い挽き板を使ったこの種のフェンスをアメリカ西海岸を旅行中に見かけたことを思い出し、材料を竹に替えて挑戦してみた。工業生産品と竹という自然素材が文字通り絡み合った独特の表情のフェンスができ上がった。

地鎮祭

以前、この敷地には二階建ての住宅が建っており、樹木の鬱蒼と茂る庭が、あたりにひっそりとした静寂を漂わせていた。その古い家と庭が取り払われ、プレファブの仮設住居が完成し、さあ「地鎮祭」という段になった頃、西原家にちょっとした宗教論争が吹き荒れたという。つまり、クリスチャンである西原家では神道の習慣である「地鎮祭」をすべきかどうか迷ったのである。論争の詳細については聞き漏らしたが、議論はそうとう白熱したものだったらしい。結局、西原家では自家製の「地鎮祭」を編み出し、この宗教論争を平和裡に終結した。それが、聖書の朗読とお祈り、そして賛美歌によるオリジナル「地鎮祭」である。見事な二部合唱の賛美歌（さすが、プロです！）が、おだやかな小春日和の青空に吸い込まれていった。

家族それぞれが愛用している聖書と賛美歌の本を持ち寄った地鎮祭。

製図道具の老兵たち

私は三十二歳で独立して自分の設計事務所を持ちましたが、その前にふたつの設計事務所で修行時代を送りました。そして、ふたつ目の事務所というのが、もう故人になってしまった吉村順三氏の主宰する設計事務所でした。

ここで、吉村順三という建築家をご存じない読者のために簡単に説明しておきます。吉村順三は「住宅を設計させたら当代一」と評された人で、映画監督でいえば小津安二郎のような、外国の映画監督ならルキノ・ヴィスコンティやデヴィッド・リーンのようなタイプの建築家でした。作風は決して派手ではありませんでしたが、いぶし銀のように渋い、玄人好みの住宅や建築を、時流に流されない確実な足取りで作りつづけた人です。つまり「名匠」という言葉なんかが、いかにもふさわしい建築家でした。名匠が率いる設計事務所は、もちろん日本でも指折りの設計事務所でした。私が事務所に入った時は、吉村先生はそろそろ七十歳に手が届く年齢でしたが、事務所の雰囲気にはどこか「老舗《しにせ》の大店《おおだな》」という趣がありました。

さて、その「大店」は「老舗」だけあって、図面を描く道具、つまり製図道具に関して古風なしきたりのようなものを持っており、それを頑固に守り通していました。

建築設計を職業に選んだ私にとって、文房具は、すなわち製図道具を意味するのですが、今になってみると、そうした道具のひとつひとつが、たとえようもなく懐かしく感じられます。

というのは、私のところを「縄文時代のオフィス」と陰口をきく人もいるぐらい進取の気性に乏しい建築家の事務所にも、いつの間にかコンピューターが侵入してきており、年若いスタッフなどは、スケッチするのも図面を描くのもＣＡＤの方がずっと早いからといって、一日中、マウス片手にコンピューターの画面と向かい合っていることがあるからです。

図面を描くために必要だった「製図道具一式」が設計事務所から老兵のように次第に消え去っていくことを、寂しく感じたり、危機感を持ったりするのは私だけではないと思いますが、時代の流れは、好むと好まざるとにかかわらず、製図道具を設計事務所から駆逐する方向に向かっていることは確かなようです。

そんな風潮ですから、私が修行した設計事務所で私が特別に愛着を感じていた文房具＝製図道具について、ここで書きとどめておくのも無意味ではないと思います。今にこのページが、製図道具に関する歴史的記述として残らないとも限らないのです。

このささやかな思い出話を、私が愛した製図道具の老兵たち、、、、、に捧げたいと思います。

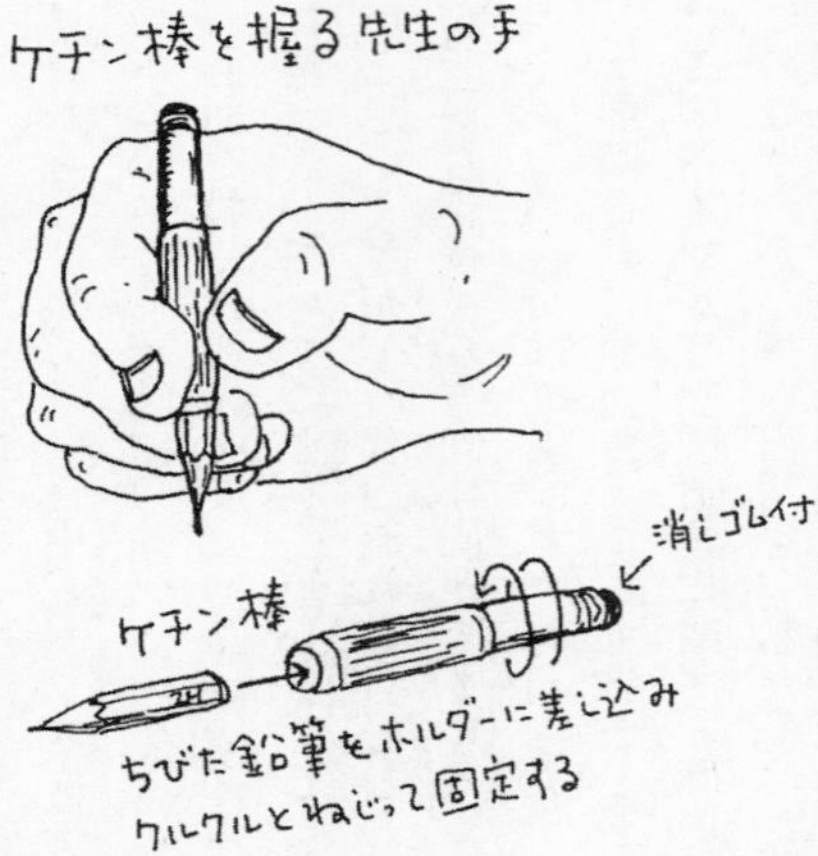

鉛筆とケチン棒

「ナカムラ君、こんな折りたたみ椅子が作ってみたいんだよ。どうやったらいい具合にたためるか、君なりにメカニックを少し考えてみてくんないか？」

緊張の入所初日、直立不動で立つ私の目の前で、先生は小さなメモ用紙にサラサラと折りたたみ椅子のスケッチを描きました。私はその素早く達者なスケッチの線にまず目を奪われ、つづいて、スケッチをする先生の熟練の下駄職人のようにぽってりとした器用そうな指先と、そこに握られている筆記用具に目を奪われました。先生は、ちびた鉛筆をギリギリまで使うための専用のホルダー（それが正しい名称なのか、通称なのか分かりませんが、私たちはそれを「ケチン棒」と呼んでいました）に挟んだ鉛筆で描いていたのです。長年使い込まれ、手擦れで表面のメッキがはげ落ち、滑り止めのために縦に刻まれた細かい筋目もすり減っている貫禄充分のその「ケチン棒」は先生の手に良く馴染んで、まるで、もう一本の指がそこにあるように見えました。

切り出しナイフ

学生時代から、私は図面を描くときは製図用ホルダーに製図用の替え芯（シャーペンと呼ばれる〇・四ミリとか〇・五ミリとかいう細い芯ではなく、二ミリぐらいの太さのもの）を使っていましたが、吉村順三設計事務所ほどの「老舗の大店設計事務所」では、そんな近代的な便宜主義的なものはいっさい使わないのでした。使うのは普通の鉛筆。

丁稚奉公の所員には、その古風な流儀がずいぶん新鮮に、またいさぎよく感じられました。しかし、びっくりしたのはその鉛筆を削るのが、電動式の鉛筆削りではなく、手動回転式の鉛筆削りでもなく、「肥後の守」さえも通り越した、元祖「切り出しナ

イフ」だったことです。

図面は鉛筆の線が勝負ですから、鉛筆削りの作業とその時間がさぞや大変だろうと思い、番頭格の先輩たちの様子を横目で観察していますと、彼らはときどきスックと立ち上がっては数本の鉛筆を、シャッ、シャッ、シャッ、と気持ちよさそうに削っているのでした。わざわざ立ち上がるのは、指先のほこりでも払うような仕草でナイフを使うので、座ったままでは刃物の先が製図版に当たって具合が悪いかららしく、「大番頭の大野、これから2H鉛筆、五本削ります！」という意思表示のための行動でないことも分かりました。

そして、あぁ、あれなら息の詰まるよ

うな図面描きの適度な気分転換になるだろうな、ということが新米所員の目からもはっきりと納得できるのでした。

その感じは、ちょうど大工さんや家具職人が、仕事を中断して、ときどきカンナやノミを研いだりする、あの間合いや呼吸によく似ていました。

竹の物指

「この壁の厚さが何センチで、この壁の中心からこの壁の中心までが何メートル、ドアの幅が何センチ、階段板の厚みが何ミリ……」という具合に、実際の寸法を縮尺して図面に描き込んでいく作業で、まず必要な道具は、正確な寸法を測るための物指＝スケールです。

いく通りもの縮尺をその都度描き分けていかなければならないので、一般的には三角スケール（これをサンスケといいます）と呼ばれる、断面が▲型をしており、各辺のエッジに二通りの異なった縮尺（つまりサンスケ一本で六通りの縮尺が読めます）が刻まれた物指を使うのですが、そのゴロゴロと角張った形と、六通りもあるためにお目当ての縮尺を探すのに意外と手間取るという欠点もあるため、ミリ単位だけの普

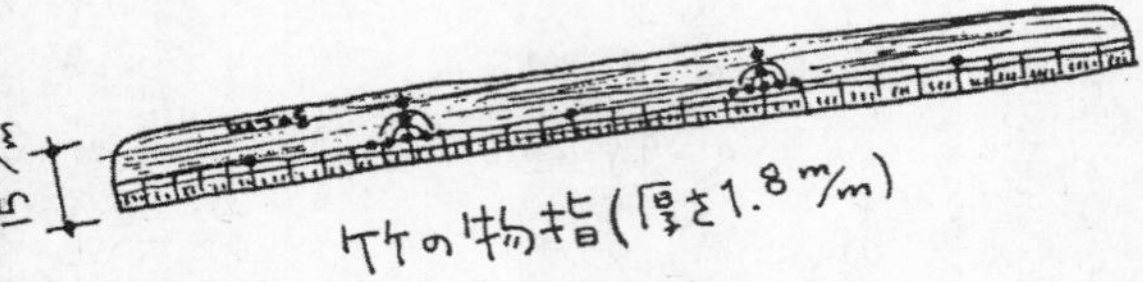

通の物指の目盛りを頭の中で素早く換算しながら使うという人もいます。もちろん吉村先生や先輩たちもそうでしたし、私もそうでした。

そして、その物指の中でも特にスグレモノが、竹の物指です。

そう、一昔前の小学生がランドセルの脇に差し込んでいたあの三十センチの竹の物指。ただし、そこはプロ、その竹の物指を小学生のようにそのまま使ったりはしません。まず程良いサイズに縦に裂き割り、つづいてそれを、それこそ切り出しナイフや、カンナや、ガラスの破片なんかで削って薄くしていくのです。自分の道具は自分なりの使い勝手に合わせ各自で仕立てる、というのは職人としては当たり前のことですが、デスクワークの設計職人だって道具を自分で仕立てるところが、私はいたく気に入っていました。

やがて、手の脂や鉛筆の粉が、また、自分の設計者としての無能ぶりを思い知らされて流した悔し涙なんかが染みつき、年月を経るうちにそれが美しい飴色に変色していくのです。

今でも手元に置いて毎日使っている物指は、私が小学生の時に使っていたものを学生時代に自分で仕立て直したものです。思えば、もう四十年以上もこの竹の物指の世話になってきたことになります。

T定規

図面にとってまっすぐな線、平行な線が大切なことは今さらいうまでもありませんが、その線を引くための定規がT定規です。

しかし、いくら吉村順三設計事務所が老舗だからといっても、私が入った頃は、さすがにもうT定規の時代は終わっていて、定規にワイヤーを8の字状に通すことで平行を保つ平行定規に代わっていました。

私の事務所の印半纏(しるしばんてん)
地鎮祭や上棟式に着る(職人の)タキシード

ある時、事務所の地下にあった図面庫の整理をしていて、片隅に良く使い込まれた大小さまざまなサイズのT定規が束ねて紐でくくってあるのを発見し、古い道具の好きな私は呆然とそのT定規に見とれました。そして、吉村順三設計の数多くの名建築がこのT定規から生まれたことに思いを馳せ、しばし感慨に耽《ふけ》ったりしたのです。

まっすぐな線を平行に引くために考案されたT定規の実用的な形は、それ自身が誠実で実直な製図道具という感じがして、私は大好きです。大げさな言い方になりますが、建築設計というもののスピリットがその形に宿っているようにさえ感じるのです。

吉村順三設計事務所を辞めて独立した二十年前、私は、ふと思いついて、地鎮祭や上棟式に着るための事務所用の揃いの半纏をあつらえました。そして、衽《おくみ》には「好文組」と、背中にはT定規のマークを染め抜いてもらいました。

背中に自分の職業をシンボル化した道具文様を背負うというのは、昔からの職人の伝統であり、自分の仕事に信念と誇りを持つ職人衆の心意気です。私は、その職人衆に、せめてT定規の印半纏を着ることで仲間入りさせてもらいたいと考えたのです。

箱型の建築をめぐって

抽斗

私のアトリエに異常に箱好きの女性スタッフがいました。

「わたし、箱って、なんか捨てられないんですよねぇ」といいながら、ちょうど、犬が縁の下に骨や靴なんかをくわえてきて貯め込むあの要領で、事務所に届くさまざまな贈答箱や梱包の箱を彼女なりの基準で選り分け、製図板の下にせっせと貯め込んでいました。彼女はやめる際、そのコレクションをそのままそっくり残していってくれましたから、今でもかなりの数の空箱の在庫があり、なにかの折には、即、対応できる状態です。

人ごとではありません。実をいえば、私も「箱」が捨てられないタイプです。

私の中には、どこか「箱に貴賤なし」という気持ちがあるらしく、小さいものなら経木で出来たマッチの箱から、大きいものなら冷蔵庫などの大型電気製品のしっかりした段ボールの箱まで、素材も、紙であれ、ブリキであれ、木であれ、およそ箱と名の付くものは、あっさりすぐには捨てられない性分です。

とりわけ木製の箱は、イケマセン。

たとえば、カステラの箱でも、ワインの詰め合わせの箱でも、茶箱でも、木で出来た箱にはつい情が移ってしまって、なかなか捨てられるものではありません。捨てられないどころか、道に捨ててあるそういう木箱を拾って帰ってきたことも二度や三度ではありません。このあたりは、「愛犬家」が捨て犬をつい拾って帰って、「困った、困った」といいながら飼うはめになってしまうあの心理と似ているように思います。つまり、根っからの「愛箱家《あいしょうか》」というわけですね、私は。

単体の箱ですらすでにその有様ですから、箱が多数集合して整然と格納された抽斗《ひきだし》に、心ワクワク、背筋ゾクゾク、胸がドキドキするのは当然といえば当然かも知れません。

写真の箪笥《たんす》は、古い桐箪笥の抽斗だけを抜き出して再利用し、パッチワークの要領で構成したものです。この箪笥は、箱好きの私から「木箱」そして「抽斗」への愛情のこもったオマージュのつもりでデザインしました。

製作は一九九九年、家具の個展を開いた折に出品したこの家具に、私は『COMPOSITION』と名付けました。ひところ、よくバス停のベンチの背板などに「桐タンス更生」と書かれていたのを見かけたものですが、その「更生」を「構成」にひっかけたわけですね。つまり『桐箪笥構成』です。

この箪笥の中段に横一列に並んだ小抽斗が見えますが、これは薬箪笥に使われてい

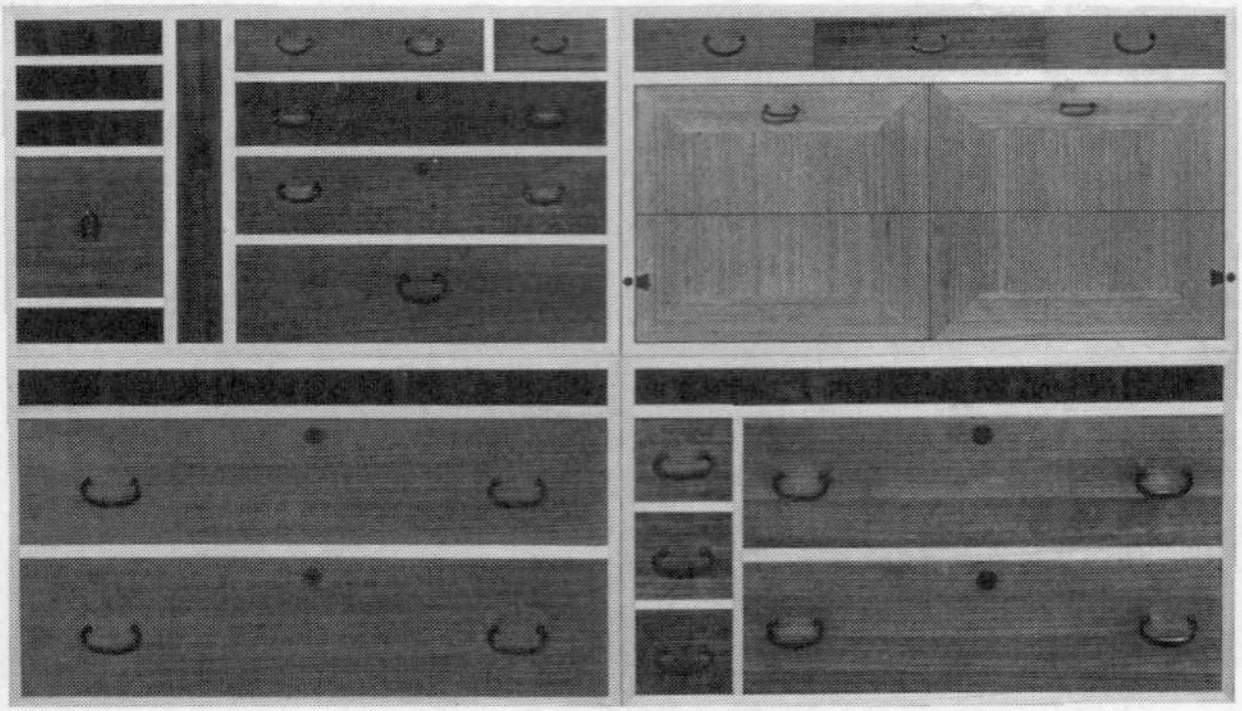

抽斗のパッチワーク『COMPOSITION』。母親形見の桐箪笥を再利用している。写真：下田泰也

た抽斗です。左上の部分にも同じ薬箪笥から抜き出した小抽斗を使っています。小抽斗は全部で二十四個ありますが、サイズは全部同じですから、自由に入れ替えが可能です。しかも、この小抽斗の間には仕切り板がなく全部抜き出すと、ただの横長の棚が出現します。この構造によって抜き挿しの自由度はさらに増し、いっそう便利に使えるというわけです。実は、この仕切り板無しのアイデアも、本家本元の薬箪笥にあり、その卓抜な知恵を私は踏襲させてもらいました。

ル・コルビュジエ

箪笥が完成したとき、嬉しくて、小抽

斗を抜いたり挿したり入れ替えたりして一人愉しんでいましたが、ふと、その手つきに覚えがあるような気がしてきました。身に覚えがあるというより、「見覚え」がある感じです。どこかでそんな仕草の写真か絵を見たような気がしてきたのです。小抽斗のサイズとプロポーションも確か同じぐらいの、えーと、ほら、あの絵柄は……。

　そして、突然、その絵柄が頭の中のスクリーンいっぱいに鮮やかに映しだされました。ル・コルビュジエの傑作のひとつ、マルセイユにあるユニテ・ダビタシオンという集合住宅の概念図がそれです。

　建築を巨大な薬簞笥のような構造に作っておき、その中に小抽斗を挿し込むように、住居単位である各戸の部屋を入れていけばよい、というアイデアが、この近代建築史の記念碑とも呼ぶべき集合住宅のテーマでした。

　抽斗の抜き挿しから、部屋の抜き挿しを思いつくというのはいかにも建築家らしい発想ですが、それも誰もが思いつくというものではなく、その建築家にはそれなりの建築の認識に関する下地が必要でした。つまり、「家というものは、結局のところは箱なのだ、いや、箱でよいのだ」という思想と信念の持ち主でなければなりません。

　ル・コルビュジエはそう考える一派の親分格であり、旗頭《はたがしら》でした。箱型の家については、もう少し詳しい説明が必要です。平らな屋根《フラット・ルーフ》を持つ箱型の建

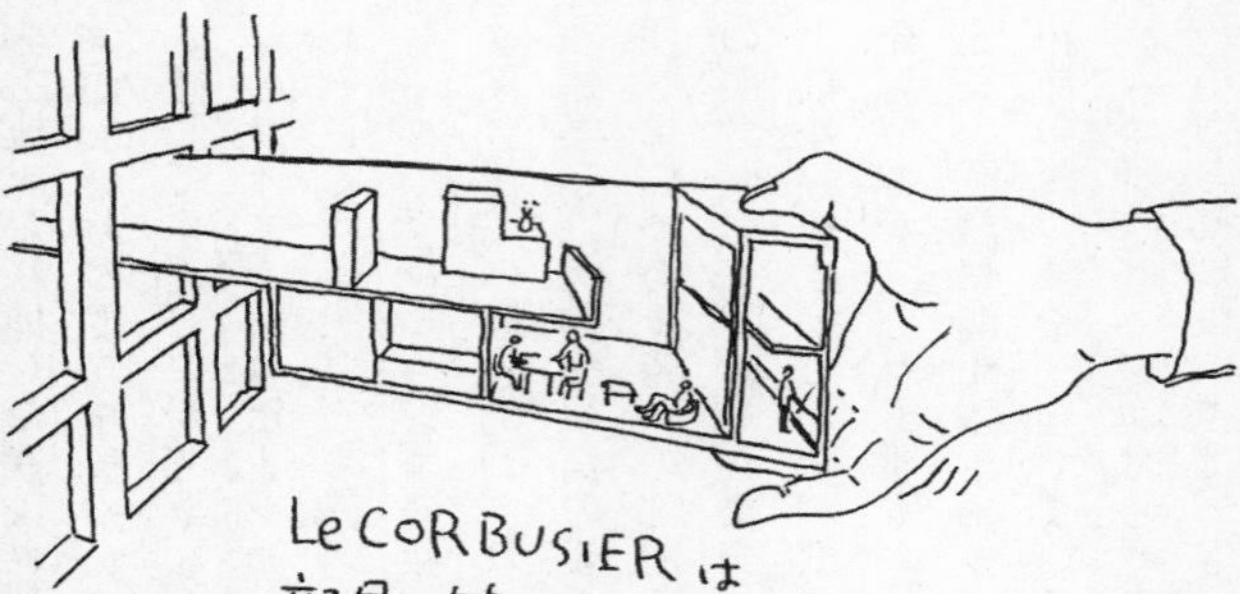
LeCORBUSIERは
部屋を箱のように挿し込もうと
考えた。

築は今では、世界各国いたるところにあり、もう珍しくもなんともないごく普通のものですが、ル・コルビュジエが建築家としてスタートした約七十五年前は、それは画期的な出来事、というより、むしろ建築的な「事件」だったのです。というのは、建物には雨や露をしのぐ屋根というものが不可欠であり、その屋根は水を処理するために傾斜、すなわち勾配が不可欠でしたから、ヨーロッパという風土においては、建物の形態が箱型になることは、平らな屋根を可能にした防水材料とその工法が考案され、一般的な技術として定着する今世紀初頭まではあり得なかったのです。いい方を換えれば、近代建築は屋根を平らにすること、すな

わち建物を箱型にすることから始まったともいえるでしょう。

ル・コルビュジエが生涯にわたって抱き続けた建築的テーマは、この「住宅を箱として考える」ことでしたが、その発端は若い頃の建築行脚の際に訪れたイタリアのトスカーナ地方にあるエマの修道院の僧坊でした。その小さな僧坊の極限寸法とその空間に漂う張りつめた空気が青年時代のル・コルビュジエの心を鷲摑みにしたのです。「起きて半畳、寝て一畳」なんていいますが、なにか、そういう人間が虚飾を捨て、贅肉をそぎとったあげくに辿り着いた最低限必要な絶対寸法のようなものを、その僧坊に見たに違いありません。

それは、鴨長明の記した『方丈記』の三メートル四方の家や、ヘンリー・デヴィッド・ソローのウォールデン・ポンドのほとりの小さな小屋で営まれた、簡素この上ない暮らしに惹かれる心に通ずるものだったでしょう。

しかも、それが箱型なら、家というものは「家らしさ」という既成概念からも離れて、より抽象化されていることになります。

前衛建築家にして近代建築のパイオニアだったル・コルビュジエは、実は、そこのところに背筋をゾクゾクさせたわけです。

ソルト・ボックス

ここまで読み進んでくると、読者からは「じゃあ、いったいあなたは箱型の家をどう思っているの?」という質問が出かかっていることでしょうね。私も、そう来るころだろうと思っていました。住宅の設計にたずさわっている建築家なのですから、何かそれなりの意見を述べなくてはいけません。

実をいいますと、私も住宅はよくできた箱でよいのではないかと思っています。たいがいの場合、住宅設計の依頼者《クライアント》は、マイホームへの夢と憧れを両方の瞳いっぱいに湛え、要望を書き連ねた一束のメモ用紙を汗ばむほどにしっかと握りしめて、満を持して私のアトリエにやって来るのですから、ル・コルビュジエのように自信たっぷりに素っ気ない四角四面の箱を押しつけることは出来ません。残念ながら私は、ル・コルビュジエほどの建築的な主義主張も説得力も持ち合わせていないのです。

しかし、結果としては、私も生活が丸ごと放り込めるような簡素な箱を提案することになります。この場合、箱という言葉を容器という言葉に換えた方が、いっそう理解しやすいかも知れません。住宅にレースのカーテン付きのアクセサリーのような出窓を付けたり、「風と共に去りぬ」みたいな壮麗な階段をつけたり、システムキッチ

ンのショールームが引っ越してきたみたいなヒンヤリした台所を備え付けたりするのは、建築家としての信念とプライドが許しません。かといって、いっそう私の意に添わないのは、いわゆる斬新さや、新奇さや、作品性ばかりが声高に主張する「建築家の満足」とでもタイトルを付けたくなるような、これ見よがしの住宅です。

普段着で、普通の声で、しみじみ語りかけるような住宅を目指すと、自然に「生活のための、よくできた箱」に帰着することになるのです。無理も、無駄もなく、威張ったり、いじけたりしない自然体の住宅が私の理想ということになります。

そして、最後にひとつだけ個人的なこだわりが聞き入れてもらえるなら（そして、水平屋根の建築家、ル・コルビュジエの眉をひそめる顔も無視させてもらうなら）その家に、勾配の付いた屋根を載せたいと思います。

すなわち、屋根の付いた簡素な箱型の家。

アメリカの開拓者たちの住んだこの種の粗末な木造の家を、彼らは親しみと懐かしさを込めて「塩箱《ソルト・ボックス》」という愛称で呼んでいました。

抽斗壁　指物から建築へ

いつもではありませんが、私は映画を観るときにメモ用紙と筆記用具を手元に用意しておくことがあります。映画を観ながら、心惹かれたことをメモするためです。それは、たとえば、気の利いた台詞だったり、俳優の服装やその着こなしだったり、これはと思う映画的な手法だったりするのですが、それとは別に、純粋に職業的な関心から、部屋の間取りや、家具のディテールを手早く書きとめることも少なくありません。そのメモのことで、こんなことがありました。

最近閉館した（一九九八年）銀座の並木座で黒澤明監督の映画『赤ひげ』を観たのですが、その時、暗闇で手探りのスケッチをしていた私は、二十五年ほど前にその画面の同じ部分を、同じ映画館で描いたことを、突然、思い出したのです。

私が、再び描いたそのシーンというのは、主人公の医者、赤ひげが責任者を務める小石川養生所（幕府直轄のいわば公立病院です）の中にある、薬を調合する部屋の壁一面に造り付けられた抽斗《ひきだし》、いや、もっと正確に言えば、その大小さまざまに分割され組み合わされた抽斗の割付寸法の見事なプロポーションでした。

この養生所には壁に造り付けになった抽斗が、赤ひげの部屋と、薬の調合室の二カ所にありますが、そのどちらも私は大好きで、何度見てもそのシーンになると、ついついストーリーも、役者の熱演もそっちのけで、背景のその造り付け抽斗に惹きつけられてしまうのです。

一体、その抽斗のどこにそれほど心を奪われるのでしょう？　そして、何が私を暗闇でのスケッチに駆り立てるのでしょう？　かれこれ四半世紀を隔てて無意識のうちに二度にわたって同じスケッチをしてしまった私は、その理由を少し考えてみることにしました。

まず第一に、「箱」というもの、とりわけ木製の箱にはどこか、私の心の奥深いところを魅了する妖しい力があることを挙げなければなりません。わかりやすく言えば、私は「箱に目がない」タイプなのですね。

つまり、もらった箱であれ、拾った箱であれ、箱ならなんでも手元に置いておきたくなってしまうのです。とは言っても、我が家は紺屋の白ばかまのマンション暮らし。狭い住まいにそんなものを全部をしまっておく場所はありませんから、結局は処分することになるのですが、そんなときでも、アッサリとはゆかず「泣く泣く、捨てる」という情けないイメージがつきまとうのです。

箱というものには、どんなものであれ「よしきた、中身は大切に守ってとっておいてあげよう」という心意気が備わっていて、その優しく、頼もしい心根がこちらの琴線にそっと触れてくるのかもしれません。

映画「赤ひげ」小石川養生所内の壁一面の見事な抽斗
欅《けやき》材 拭き漆仕上であることが画面からでもわかる

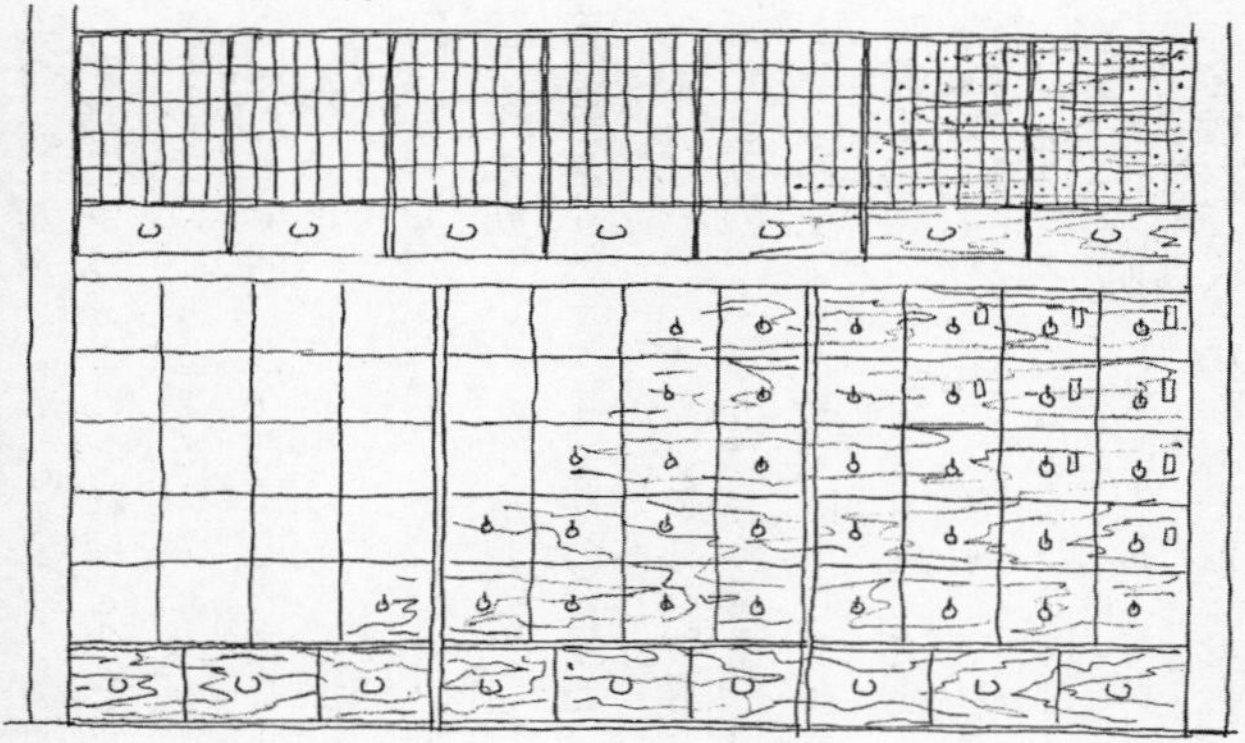

そして、その箱の集合体が抽斗で、これまた別種の妖しい魅力で私に迫ってきます。同じサイズの抽斗が整然と律儀に並んでいるのも良いし、大小取り混ぜの各種サイズが取り揃い「何なりとお望みの物をお望みのサイズの抽斗へ……」という表情で並んでいるのも、タイプの違う働き者で気の利く使用人を大勢かかえているようで、大いに気分が良いものです。

つまり、私を手探りのスケッチに駆り立てた理由のひとつは、箱、そして抽斗そのものの持つ不思議な魅力なのでした。

さて、暗闇でのスケッチの第二の理由は、その抽斗が、建物の中に壁の一部として造り付けられていたことです。抽斗というのはご存じのとおり指物職人の領域なのですが、それがいつの間にか造作の領域、つまり大工の仕事の領域にまで一人歩きしてきて、建築的な家具として壁面を構成し、特別に濃密な室内の雰囲気を醸《かも》し出す、そのことに、私は大きく心惹かれます。ふたつの領域の仕事が互いに重なり合ってそのどちらでもない世界が生み出される、そこに、何か新しい建築の可能性の兆《きざ》しを感じて、私の中の建築家の心がときめくのです。それに、建築という容れものとしての箱の中に、さらに容れものの箱である抽斗が入れ子になっている状態はそれだけでも、ちょっと、こう、ファンタジックなイメージがあります。

ここで、話をふたたび映画に戻し、実用という観点からこの養生所の抽斗を見ると、ここには、いくらか問題がないわけではありません。抽斗というのはせいぜい胸の辺りの高さまでであないと、中も見にくく、使いにくいものです。ところが、この壁には め込まれた抽斗は人の背丈を越える高さまであり、上の方（しかも、その上の方にざっと数えただけでも二〇〇以上の薬の小抽斗があるのです）は、さぞかし使いにくかろうと危惧されるのです。しかし、この抽斗を作った職人にはもう自分で自分を止めることができずに、ただもう、その壁面が抽斗で埋まることだけ念じつつ黙々と作り続けたに違いありません。

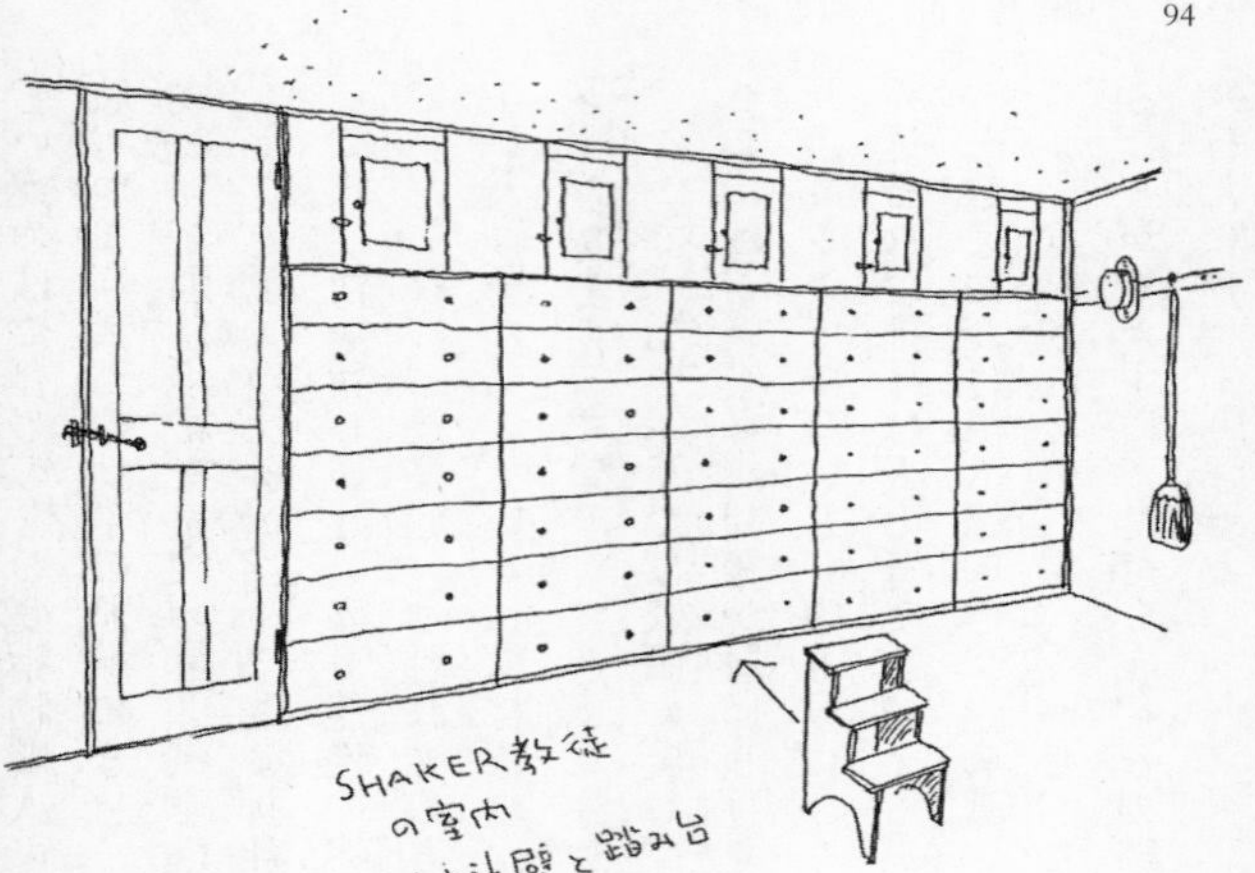

抽斗にはこのように、「止めるのも聞かず、一途に増殖したがる性質」も備わっているらしいのです。この、壁一面の抽斗に魅せられる心には、いわゆる機能性や合理性なんかに拘泥しない闊達な精神への共感もどこかに潜んでいるような気がします。

さて、ここまで書いてきて、否応なく思い出されるのは、アメリカのシェーカー教徒の室内に造り付けられたたくさんの抽斗付きの収納家具です。彼らもまた、抽斗の魅力に取り憑かれた愛すべき人々でした。実用性という一線を、これまたやすやすと越えてしまって、胸のすくような見事な抽斗壁の数々を生み出しています。そして、彼らは、夢中になるあまり実用性をつい忘れて壁面を抽斗で埋め尽くした後で、ふと我に返って、高い位置の抽斗を使うための踏み台もちゃんと一緒にデザインしていたりするのです。この、頭を掻きながらデザインされたに違いない愛らしい踏み台には、思わず微笑を誘われずにはいられません。

映画のメモの話から、いつの間にかシェーカー教徒の家具の話になりました。

一緒に暮らす家具たち

玄関の子供椅子

もう二十数年前のことになるが、晩秋のひっそりとした軽井沢の町を散歩していた私は、ちょっとした拾い物をした。なんともいえない愛らしい表情の子供椅子を手に入れたのである。それは、裏通りのちいさな幼稚園の庭に材木の切れはしなどと一緒にうず高く積まれており、どうやら薪にでもなるらしかった。

見つけたとたん、もう私はそれをもらい受けることに決めてその幼稚園に入って行った。ねずみ年のせいかこういう時の私は実にすばしっこいところがある。本当はそこに積んであった椅子全部が欲しかったのだが少し遠慮して三脚だけもらって帰った。

帰りの列車の中でその椅子をとっくりと眺めてみる。見れば見るほどその椅子は良く出来ているのだった。栗の木の木目が浮き出るほど使い込まれ、不細工ながら何度も修理された痕《あと》が見受けられた。おそらく、この椅子を使ってきた人達は、大人も子供も、それが壊れたからといってすぐに捨てるには忍びなかったにちがいない。修理の傷痕はそんな歴史を物語っているようだった。

それから十数年間、私もその椅子を大切にし、小さな修理を重ねながら身近において使い続けていたのだが、あるとき、ふと、思い付いてその椅子の忠実な復刻版を作

上がり框の低くなった玄関でゆっくり靴紐を結ぶのに最適な子供椅子。写真：中北能史

ってみることにした。こんなとき友人の腕の良い家具職人が大活躍する。小さいとはいえ一人前の椅子に劣らぬほどやっかいな手のかかる仕事を見事にこなし、寸分たがわぬ寸法で、材料までオリジナル通りに栗材を使った新品の子供椅子が届けられた。我が家ではこの子供椅子を玄関に置いて使っている。

ご存じの通りマンションの上がり框《かまち》というものは低くできている。訪問客を上から見下ろさなくて済む高さは民主的でよいのだがひとつ難点がある。紐のある靴を履く時に困るのである。

昔式の玄関なら上がり框に腰をかけ、ゆったり念入りに結べた紐が今は不安定な一本足で立ち、膝を抱えるようにして結ばなくてはならない。どうかするとバランスを失って思わずその姿勢のままケンケンしてしまうのである。出がけのケンケンは縁起が悪いような気がするではないか。そこでこの椅子の登場である。この椅子に座れば納得のゆくまで入念に紐が結べる。片手で下げられる手軽さ、邪魔にならない大きさ、玄関にほほえましい雰囲気を与えてくれる無邪気な表情。どれをとっても申し分のない芸達者の子役が、外出する私を送り出してくれる。

床の間チェスト

建築科の学生だったころ、私たちは住宅設計の時間に西欧風の住まいの型である「モダンリビング」の洗礼を受けた。それは、住宅の中心にリビングルームを据え、ダイニングルームからキッチンを経てユーティリティーにつながって流れてゆく系と、いくつかのベッドルームとそれに付随した水まわり（バス、トイレなど）の系をいかに動線を短く合理的に組み合わせることができるかという一種のパズルなのであった。しかも、その組み合わせの中に「吹き抜け」の空間をほどよく按配《あんばい》したり、「天窓」の劇的な光の効果を考慮しておかなければ満足のいく評価、つまり「いい点」がもらえないのだった。私たちは、むさぼるように日本や外国の建築雑誌に目を通し、ル・コルビュジエやF・L・ライトの作品集を枕元に置いて寝たりした。

その睡眠学習の甲斐あって、私は設計の職業に就くことになったが、住宅を設計しながら、自分がどこかに大事なものを置き忘れてきたような欠落感に捉われることがある。特に、住宅の中心になるリビングルームというものに「何か」大事なものが足りないという気がしてならないのだった。ある時、古道具屋で李朝の箪笥を見つけて買い、部屋に置いて暮らすようになってから、その「何か」の正体が分かってきた。

私はその簞笥を自分の部屋の一番いい壁の前に置くことにした。そうすると自然に、その上部の壁に何かいい絵を架けたいという気分になってきた。簞笥の上には季節の花や、ちょっとした小物なども飾ってみたくなった。その小さなコーナーが「床の間」のような役割をするようになってから、私の部屋に重心が生まれ、取りとめのなかった部屋にメリハリが出て来た。肉体ばかりでなく精神の安らぐ住みかという雰囲気が漂いだした。私が無意識に探していた「何か」の正体は実はカタカナの部屋名を並べるパズルには出てこなかった「床の間」というカードだったのである。

家全体を平等で気さくな空気が支配している今風の住まいも悪くはないが、あっけらかんとした明るさは口あたりだけがよくて栄養のない食物のようだ。住まいや暮らしに陰影を与える意味でもこうした精神の拠り所としての特別な場所が必要ではないだろうか。

「神聖な」という言葉が適当かどうかわからないが、そこには間違っても新聞交換のトイレットペーパーなどを無造作に置いたりはできない、そういう場所を住まいの中に持ちたいものである。

写真は、私が友人の住まいのためにデザインした「床の間チェスト」である。今、

チェストを置くだけで、部屋の重心になる「床の間」的なコーナーが生まれる。写真：中北能史

その上には地中海やカリブ海の浜辺で拾って来た熱い日差しの匂いのする小石や、徳利に入れた水引草が飾ってある。

キッチンストゥール

独立して自分のアトリエを持つことになった時から、昼食はできる限りスタッフと一緒に作って食べることにしている。もともと自分でも台所に立つことが好きだったせいもあるが、スタッフがそれぞれに食いしん坊で料理好きだったこともあって、いつの間にかそういう習慣になったのである。外に出てお仕着せランチを食べるくらいなら「作っちゃおうか」という気分になる。

とはいっても、職場の昼食なのだからそんな大層なことはできない。手早く勝負のつく料理が和、洋、中華、それぞれのジャンルから絞り込まれ、次第に定番メニューとして定着してきた。例えば各種のスパゲティであり、どんぶり料理であり、関西風うどんであり、中華粥《がゆ》のたぐいである。もちろん時には本腰をいれて（つまり本業をおろそかにして）ブイヤベースやオックステイルシチューなどの大作に挑み、午前中を台所で過ごしてしまうこともある。

たった今、筆が滑って「本業をおろそかにして」と書いてしまったが、これは実は本心ではない。住宅を設計するものにとって家事のおそらく中心部を占めるであろう台所仕事の現場（買い出し、段取り、料理、片付け）を日々体験し、その機微に精通しておくことは決して無駄なことではないと思うからである。スタッフと過ごす「料理の時間」には、建築家は、なによりもまず実践的な生活者の観察力と想像力の持ち主でありたいと願う私の自己教育的な意味あいも含まれている。

さて、今回登場するこのキッチンストゥールもいってみれば、「生活者の観察力と想像力」の産物である。さまざまなことを素早く判断し、段取りし、次から次へと手際よくこなさなければならない料理の時間は「走る時間」である。私たちはいやおうなくその料理の要求するスピードに付き合わされてしまう。ところが、その修羅場の最中に真空状態のように空白の時間が生まれることがある。

たとえば、テーブルのセッティングよし、ソースの準備オーケー、サラダもできた、お皿も温めた、というのにスパゲティが茹《ゆ》で上がらないなんていうあの時のことである。そんな、嵐の前の静けさの時にチョコンと腰掛けるのがキッチンストゥールである。あるいはまた、アクすくいのように鍋の前を離れるわけにゆかず気長に単調な作業に付き合っていなければならない時にもこのストゥールは便利に使える。台所作業

台所仕事の合間、ちょこっと腰掛けることのできる「キッチン・ストゥール」。写真：中北能史

には、立っている必要はなく、座り込んでしまうわけにはいかないという時が意外に多いものである。

紙ひもで編まれた座は適度の弾力があってかけ心地が良い、空白の時間を、私は菜箸をマイクに見立てステップに片足をかけて歌を歌ったりして埋めている。

たためる椅子

久しぶりで小津安二郎の映画『晩春』を観た。小津の映画は室内や間取りの気になる映画である。茶の間を中心にして展開していくストーリーを追いながら、気がつくと手元のメモ用紙に間取りと家具配置を描き写している。笑われるかもしれないが、一種の「職業病」で不治の病なのである。一階の二間続きの畳の部屋（そのひとつが茶の間である）から台所へのつながり、廊下から玄関へのつながりなどいかにも自然で住みやすそうである。無理もないし無駄もないごくあたりまえの「間取り」が安定した住み心地の良さを感じさせてくれる。人々の暮らしと住まいはほとんど等身大でつり合って見える。おなじみの登場人物たち、笠智衆や原節子や杉村春子などが、その住まいを着心地のいい普段着のように着こなし、お互いを思いやり、いたわり合い

座布団のように手軽に持ち運べて、しかも座り心地の良い「たためる椅子」。吉村順三、丸谷芳正、中村好文による共同デザイン。写真・中北能史

ながら暮らしている。

　ここで私は、ふと立ち止まってしまう。いったい、私の設計してきた住宅は、そこに住む人々の生活をあのように自然に包みこむことができているだろうか？　あるいは、私のデザインした家具はあのように違和感なく日々の暮らしに溶け込んでいるのだろうか？　常に自問し、大いに反省する必要がありそうである。

　しかし、幸いにもそういう意味で自信のもてる家具がひとつあった。「たためる椅子」である。もっとも、この椅子は私だけのデザインではなく、私の師匠にあたる吉村順三氏と友人の木工家・丸谷芳正氏の三人による共同デザインである。吉村氏は日本の建築界を代表する建築家で、家具デザインにも意欲的に取り組んで来た。

　その家具には、いつも日本人の住まいと暮らしを深く見据えてきた目が光っている。小津の映画に入れたくなるような家具である。スペースの限られた住まいをより広く使うために、吉村氏は折りたたみの家具に執念を燃やす。簡単に小さくたためて座り心地の良い「座布団」のように手軽な椅子や、モダンな「ちゃぶ台」のような家具は日本的な知恵にしっかり裏打ちされている。

　写真の椅子は革張りで、たたむと十一センチほどの薄さになる。女性でも片手で下げられる重さで、しかも素晴らしい座り心地である。テーブルも、もちろん簡単にたためる。サービスのお盆がそのままテーブルの甲板になる仕組みである。広いテラスや庭のある家だったら、こんな家具を持ちだして読書と日光浴を大いに愉しみたいところである。

大テーブル

修道院にある細長くて大きなテーブルをイタリアでは、「フラティーノ」と呼ぶらしい。「フラ」はフラ・アンジェリコなどの名前に使うあの「フラ」で修道士のことである。「フラティーノ」というのは若い修道士という意味になる。修道院の食堂にある大テーブルをぴかぴかに磨いておくのは若い少年のような修道士の役目であったからだと聞いた。私はなぜか大テーブルが大好きでこのフラティーノ型のテーブルをたくさんデザインして作ってきた。

私の設計する住宅では居間と食堂とをはっきり分け、それぞれにある程度余裕のある広さを確保できるというのはまれである。それならば、思い切って「大きなテーブルをドカンとひとつ作りましょう」と提案するのである。さほど広くないスペースにソファのセットやダイニングセットを所狭しと持ち込むのは賢くない。それより家族の集まる部屋（居間や食堂という部屋名さえ超越したいものである）の中心に大テーブルを据える方が、スペースに余裕が生まれ部屋の印象もゆったりとおおらかなものになってくるはずである。

そしてなによりも、大テーブルの魅力は多目的に使えることである。食卓によく、酒宴が似合い、アイロンかけをしたり、洗濯物をたたんだりする台になるかと思えば、資料を広げる書斎机にもなる。子供のお絵かきも、もちろん結構。

かつて住まいの中心に囲炉裏というものがあったころ、生活は家族がとりあえず全員でその囲炉裏を囲むことで成立していた。そこには対話があり、団欒《だんらん》の暖かい空気が充満していたことだろう。大テーブルは、家族全員で囲むものとしては囲炉裏に代わるものとして最適である。囲炉裏のように、そこが離れがたい魅力を持った場所になってくれたら、しめたものである。気がついたら一家団欒だ。私の住まいも楢《なら》材の「フラティーノ」が中心になって成り立っている。我が家の場合「離れがたい」場所になっている理由が「離れると他に行くところがないから」というのがちょっと情けないが、ともかく家に帰るというのはこの大テーブルの前に帰るということなのである。

さて、ここで私が自分のアトリエ用にデザインしたテーブルの最新作をご覧いただ

メープルの無垢材で作られた大テーブル。ランチョンマット、カトラリーなどを収納できる抽斗付き。写真：中北能史

こう（写真）。このテーブルの特徴は、浅い抽斗が付いていることである。「フラティーノ」の伝統的な手法を発展させ、構造と機能が分かちがたく溶け合っている構成の面白さもテーマになっている。材料は無垢《むく》の楓《かえで》材（メープル）。幅は九十センチ、長さは二メートルある。使い勝手は上々。浅い抽斗には、ランチョンマットやワインの栓抜きなどの食卓に必要なものや、スケッチ用具や定規や電卓など打ち合わせ用のこまごましたものが収納してある。

PINE HOUSE 1992

PINE HOUSEは、標準的な規模の住宅と若夫婦ぐらいなら住めそうな貸室ひとつから成る二世帯住宅である。敷地は東京中野の少し奥まった住宅地である。クライアントの松家さんはまず丁重な設計依頼の手紙をくれ、そのあとで訪ねてこられた。長身、温顔、物腰柔らかく、落ち着いた声で話す独身の編集者だった。

設計の仕事は実にゆっくりと進んだ。僕たちはふた月に一度ぐらいの割合で打合せという名目で会っていたが、まともな打合せになったことはなく、ただお酒を呑みながら雑談に終始してしまうのだった。そんなわけで、いつからか設計に関する実際的な打合せは手紙やＦＡＸのやりとりでする習慣ができた（職業がら文章はお手のものだし、そうしないといつまでたっても家ができない、と松家さんは考えたにちがいない）。送られてくるまとまった長さの文章からはもちろんだが、短いメモのようなものからも「すまい」に対する確固とした見識が感じられた。それは、決して抽象的な建築論になることはなく、生活に即した具体的な希望や意見は住み手の側からの立派な住宅論になっていた。この住宅には、空間の劇的な効果よりは気さくな居心地のよさが、目を見張る独創よりは穏やかな平凡が、空虚な整頓よりは美しい散乱が、つまり、建築家の「作品」よりは住み手のための「家」であることがふさわしいと、僕には思われた。

「附近の無造作な街並を少しでも美しくできる端緒に……」

長雨と人手不足と設計者の呑気な性格にたたられ、工期が三カ月ほど延びて家は完成した。独身だった松家さんはその年の秋に結婚し、今年の初夏には子供が生まれた。住み始めていつの間にか二年半が経ち、室内も庭の樹木もようやく落ち着いてきた。「家」は次第に「家庭」へと熟成していくらしい。

1989年7月　はじめて事務所を訪ねた後に

中村好文様

先日はありがとうございました。事務所でいただいたおいしい紅茶と、田野さんの笑顔のおかげで、リラックスしてお話することができました。

さて、さっそくですが、家についての希望は、だいたい次のようなものです。

〈全体〉
附近の無造作な街並を少しでも美しくできる端緒に。／プライヴァシーは保ちつつ、しかし閉鎖的でない。／十年後に木々の緑でたっぷりと家を包んでほしい（中野区は二十三区でいちばん緑が少ない区だそうです）。／部屋は明るく、すこぶる風通しよく。／十人前後の来客にへこたれず。／一八五センチの身長（私は一七九です）があっても頭をぶつけない。／アレルギー体質に優しく、掃除もしやすい。

〈LDKについて〉
八年間の1DK暮らしが、私の生活の文法を決めてしまいました。つまり、寝ているとき以外はほとんどＬＤＫにいるというスタイル。たぶん家に持ち帰る仕事も書斎なんかではなく、ＬＤＫでできるようにしたい。

〈寝室について〉

１ＤＫの利点は部屋を移動せずにシャワーやトイレが使えるというところ。冬のことを考えると、近くに浴室がほしいです。／衣類の収納もたっぷり取りたい。／広さは、ベッドをふたつ入れていっぱいという程度で十分です。狭いほうが休まるような気がします。

〈浴室について〉

ぬるま湯の長湯派です。／自然光がほどよく入るパウダースペースがほしい。

〈予備室〉

できるかどうかは別にして、子供部屋になり得る狭い狭い部屋と、たとえば年寄りのお客さんが泊まりにきても楽な気持ちで休めるゲストルームを考えておきたい。

〈キッチン〉

キッチンはオープン型で、中華料理も可能なハイカロリー・バーナーもつけたい。／洗濯もキッチンの周辺でできるように、雨の日でも干せるスペースがほしい。

〈駐車場〉

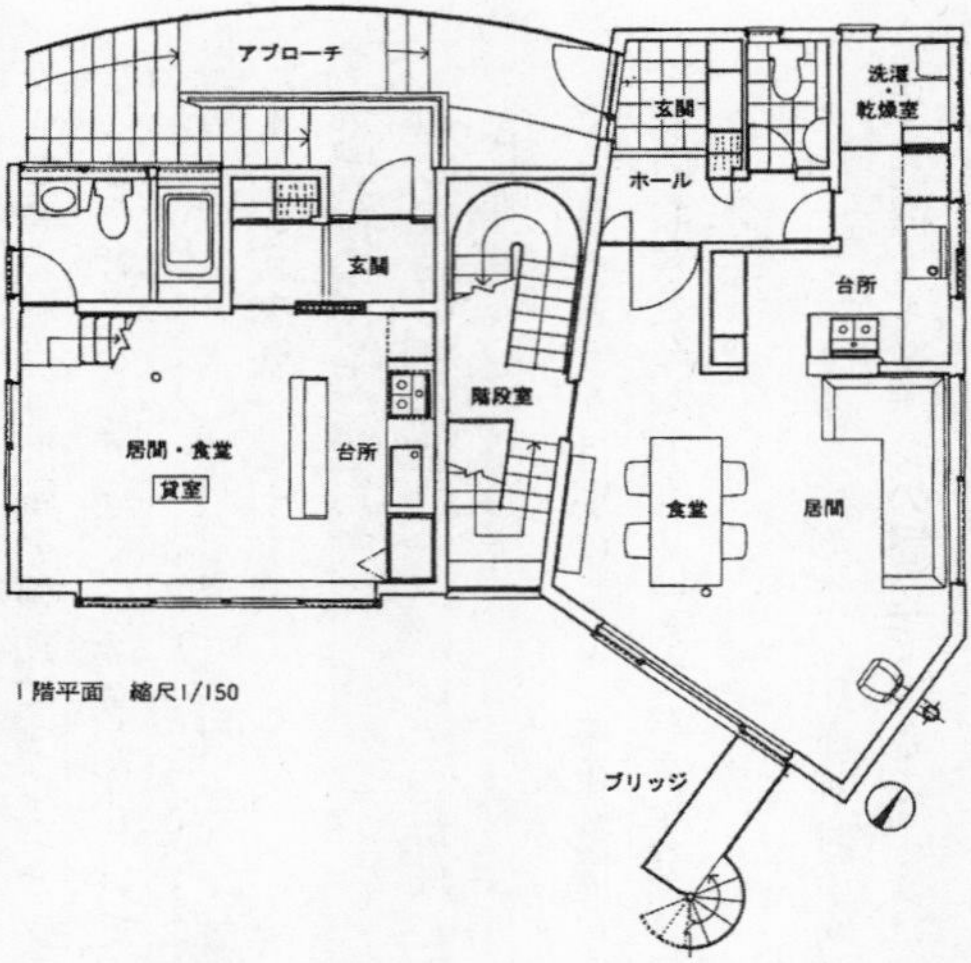

1階平面　縮尺1/150

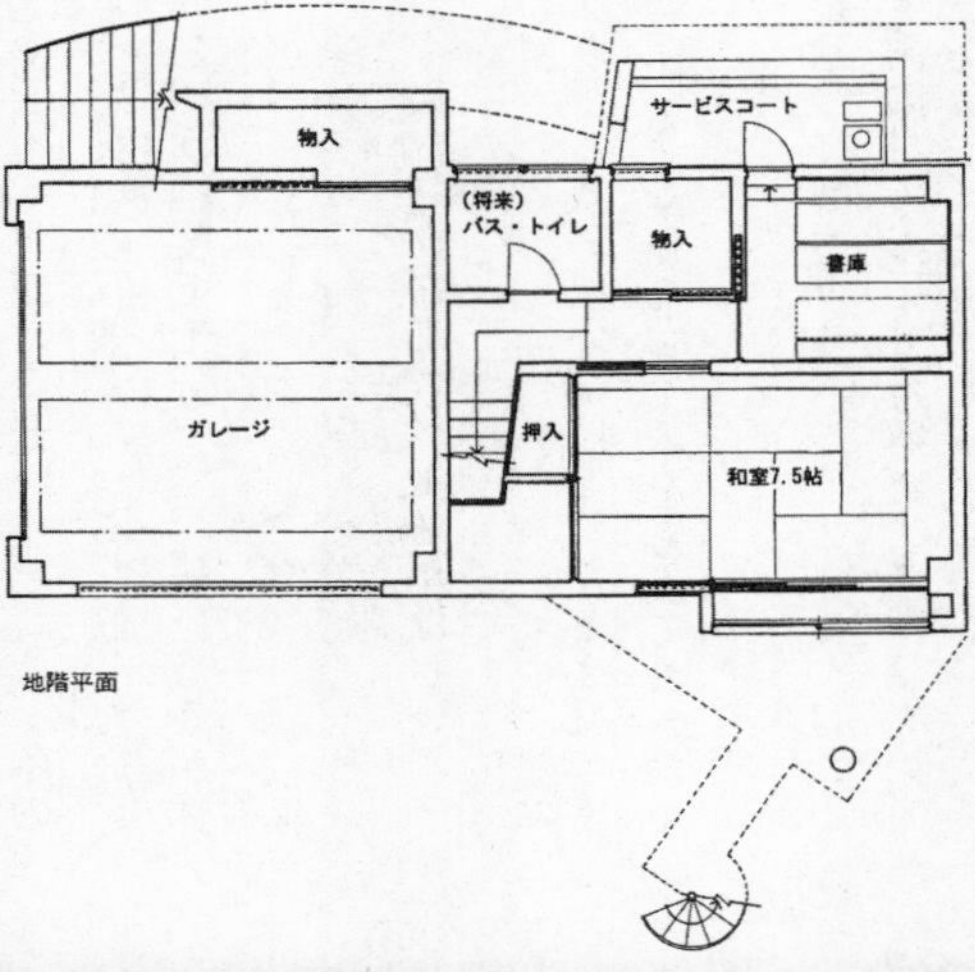

地階平面

PINE HOUSE 1992

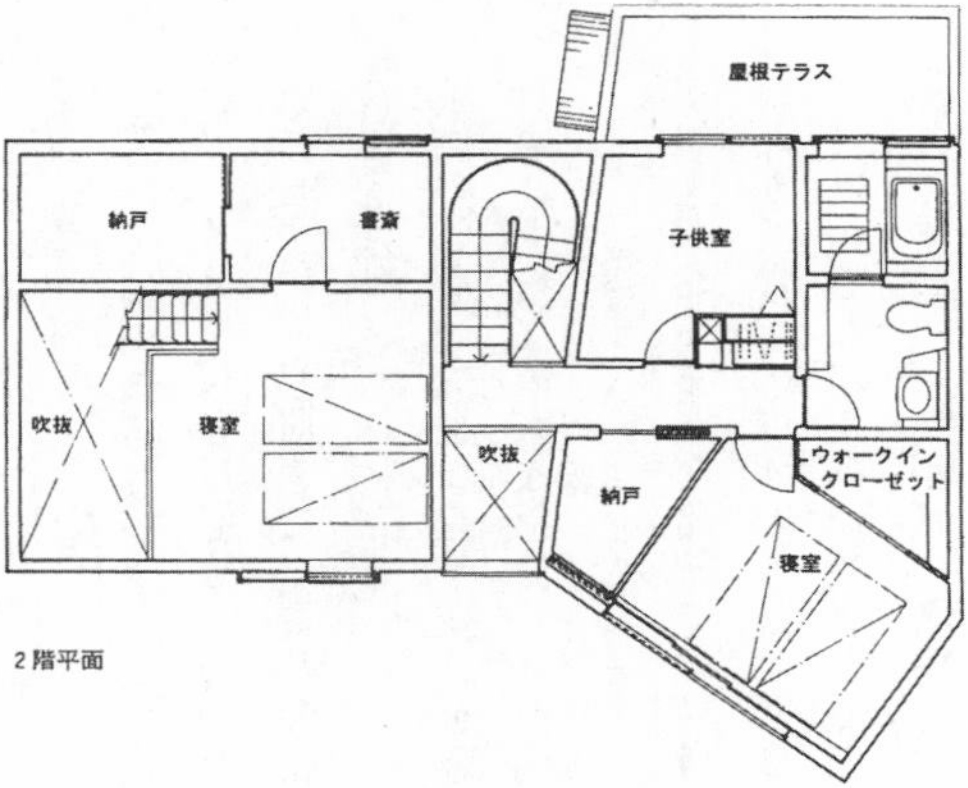

2階平面

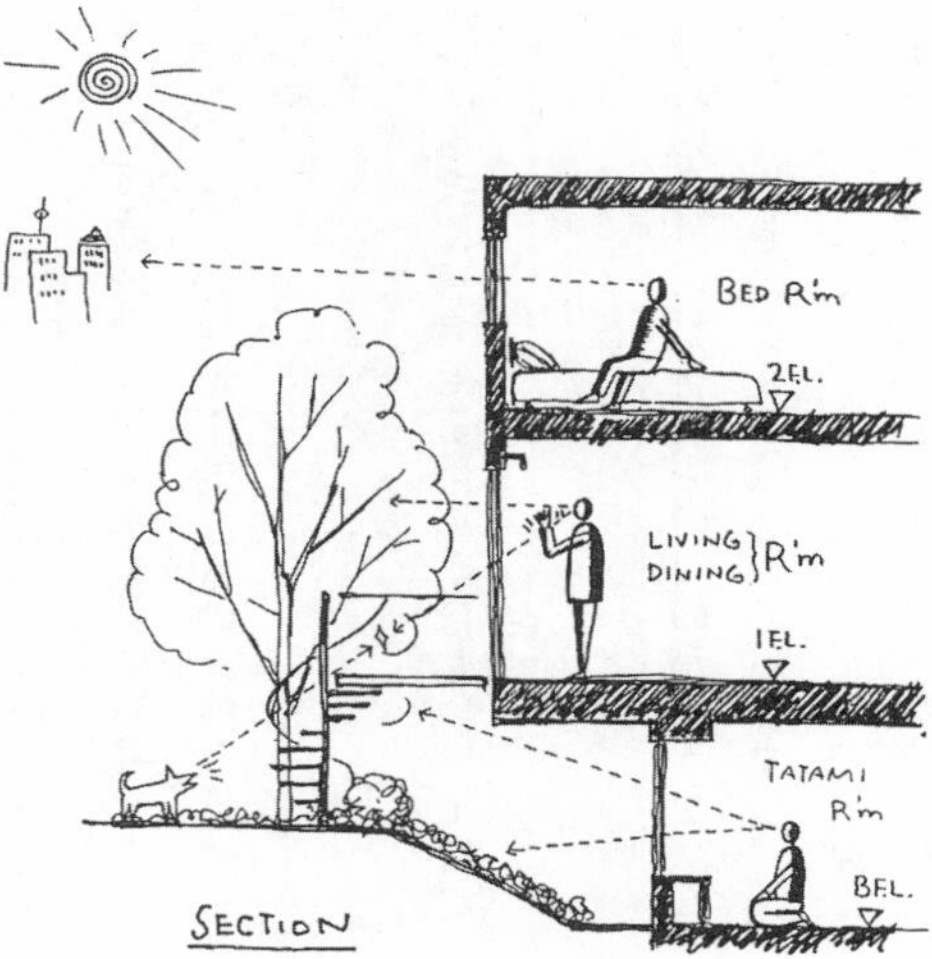

傘をささずに乗り降りできる。／ボルボのワゴンでも入る大きさ。

〈音楽室〉

予算内では納まらないでしょうが、「将来」防音室になり得るような部屋がほしい。／イメージとしては、この家では唯一、暗めの半地下的なもの。隣り近所を気にせずに、心置きなく音楽の聴ける部屋。

〈貸家部分〉

子供のいない夫婦なら、狭さを感じることもなく暮らせる部屋がほしい。上質な貸家に上質な借家人を。


以上がおおまかな希望です。敷地や予算の条件に見合うものなのかどうか私にはわからないのですが……。ちょっと欲張りすぎのような気もしていますし、いずれにしても、人を驚かせるような「建築」ではなく、住む人間にとって単純に住みやすい「家」が私の希望です。生身の人間が住むことでその美しさが台無しになるような家ではない。暮らしはじめて生活の匂いが漂い、手垢がついたときに、その「建築」がじわじわと説得力を出してくるような家。つまりは住まい手の責任が問われる家、ということでしょうか。

1990年6月　基本設計の打合せの後で

松家仁之様

先日は冷たい雨の中、わざわざ事務所まできていただきありがとうございました。あの雨の中、図面ケースと模型をもち、傘をさして歩かずにすんだだけでも本当に助かりました。

さて、松家さんから住宅に対する希望のメモをいただき、取りかかっています、やっています、といいながら蕎麦屋の出前よろしく、ずいぶん長く待っていただくことになってしまいました。やっとその基本設計をお見せすることができ、松家さんの「結構です、この案で進めてください。」という静かな言葉を聞いてほっと胸を撫でおろす思いでした。

基本設計をはじめてお見せするときは、僕のような人間でも、いつもたいへん緊張するものです。それまでにたくさんの案をつくっては壊し、つくっては壊しつつ、少しずつ絞り込んでいって最終案にたどり着くわけですが、そうして残った、ただひとつの案が「一発で」そこに住むことになる人（今回は松家さんです）の心をとらえることができなければ、正直なところその仕事の先行きはあやしいものになるからです。

要望事項をよく検討し、可能な限りそれをクリアしておくことや、それが建築的(構造や設備や法規のこともあります)にもバランスよく収まっていなければならないことは当然ですが、それ以上に「言葉にのりにくい潜在的な希望にもどれだけ応えることができたか」が、プロとして僕たちの本当の勝負どころといえるでしょう。また、「自身の建築のテーマをその案にどれほど溶かし込むことができたか」も、建築家にとっては、とても大切なことです。

今回、松家さんからいただいた家についての「希望」の中には、どれひとつ難問はなく、ひとつひとつはごくあたりまえの事柄ばかりでしたが、その事柄どうしが集合した印象はとても「ごくあたりまえ」どころではなく、住まいに対する確かな見識のようなものが感じられました。それだけに基本設計はやさしくもあり、難しくもあったのでした。

基本設計について書くつもりが、何だか遅れたことの言い訳めいてきました。話題を変えましょう。

先日の打合せのとき、松家さんから住居の平面的な形について質問があり、僕は庭との関係だけを説明したのですが、それでは少し説明不足だったように思います（説明した後も松家さんの頭の上に？が浮かんでいました）。そこで、補足的にちょっと絵を描いてみましたので送ります。図面だとわかりにくくても、絵だとわかっていただけるのではないでしょうか。いびつな五角形は恣意的な形ではなく、建物全体を敷地の中に無理なく収めつつ、居間の開口部を南面させたことで導き出された必然的な形であることがおわかりいただけると思います。

最後にもうひとつ。家のタイトルのことですが、いつかお酒を呑んだ時冗談半分に「松家さんの家だからPINE HOUSEにしましょうか」といいましたが、それが芸がないようでいて案外含蓄も深そうに思え、何だか好きになってきました。図面に捺すゴム印をつくる必要があったので事後承諾になりますが結局そのように決めて注文しました。

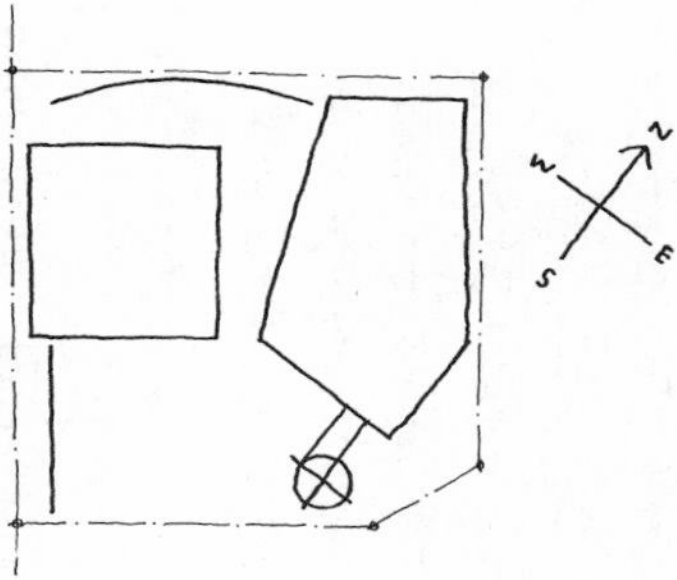

いよいよ実施設計にかかります。図面枚数も多いので急いでやっても二カ月半ぐらいかかります。スケジュールの遅れを取り戻すべく担当の田野ともども仕事に専念します。

1992年5月　図面を参照しつつ現場を見学して

中村好文様

先週も婚約者と現場を見に行ってきました。新しい木材の匂いが漂っていて、やはり木の家はいいなあと鼻をひくひくさせていました。階段のかかっていない階段室を小さな足がかりを頼りに登りながら、昔の記憶が甦りました。小学生の頃、実家の新築があって、やはり同じ木の匂いの中を、兄のあとについて木の梯子を登り、自分たちの部屋のあるがらんとした空間を高揚した気持ちで眺めていたことを思い出します。

なかなか家が完成しないことにもっと苛立ったほうがいいのでしょうが、大工さんがひとりで黙々と作業をしている背中を見ていると、やいのやいのいう気持ちが萎えていきます。家を建てることは一生に一回のことでしょうから、ひと月ふた月の遅れは取るに足らずと考える……ことにしましょうか？

資金繰りも果てしなく長いローンを組むことで何とか解決しそうですが、もうぎりぎりです。にもかかわらず、ふたつだけお願いがあります。図面には描かれていないのですが、玄関に庇はつきますでしょうか？　雨の中を帰宅して、玄関

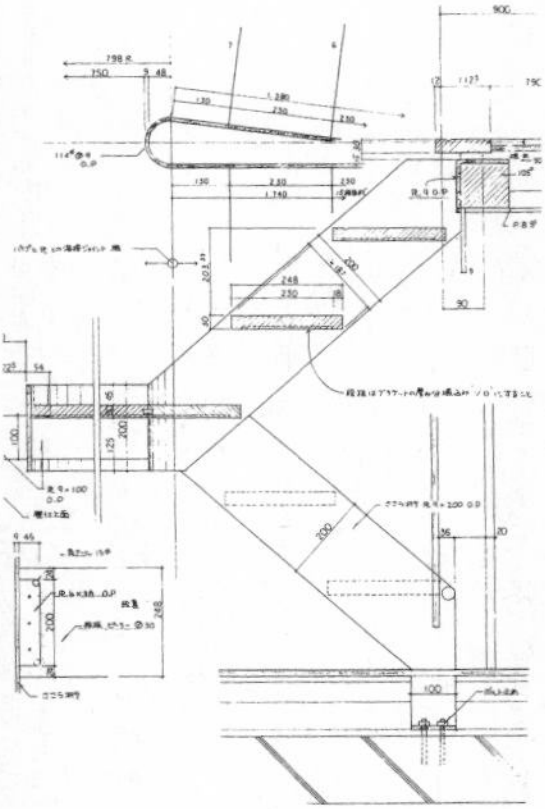

「階段室を小さな足がかりを頼りに登りながら、昔の記憶が甦りました」

前であわてずに傘をたたみ、コートについた水滴を払い落とすことのできる余裕がほしいと思うのです。冬の日に雨で濡れたドアのノブを握るのは、何だか侘しいような気もしますし、あるいは、庇がなくても大丈夫なのでしょうか。それからもうひとつ、諦められないのが薪ストーブ。ふたりで貯金通帳と顔を突き合わせながら、結婚費用を足し引きしつつ、たどりついた結論は、やっぱりほしいということになったのです。十一月二十九日の結婚式までに入れてもらえればいいのですけれど。それではまた。

1992年5月　工事の追い上げ時期に

松家仁之様

お手紙（FAX）拝見しました。

工事の遅れについてはたいへん申し訳なく思っています。工務店の人手の問題や、段取りの問題もありますが、もうひとつの原因は僕にあります。実施設計で描いた図面や現場打合せで決めたことを次々に変更したくなる建築家の「職業病」がつい頭をもたげ、工事の進行に多少ブレーキをかけてしまっているからです。現場よりもまず自分に大きなハッパをかけて頑張りたいと思います。

ご指摘の玄関庇につきましては当初より取りつける予定でしたし、予算のやりくりもどうにかできそうですので御安心ください。実は、今までに「スチール骨組ガラス屋根案」や「固定型テント案」などの図面を描いてみたのですが、どれも形の点からも予算の点からも「これだ！」というものにならず、今はまた振り出しの白紙状態です。樹脂ガラスみたいなものをペラッと突き出す程度の簡単なものができないかなと考えています。

薪の暖炉の件、もちろんそうしたいところです。しかし、僕はまず先日の打合

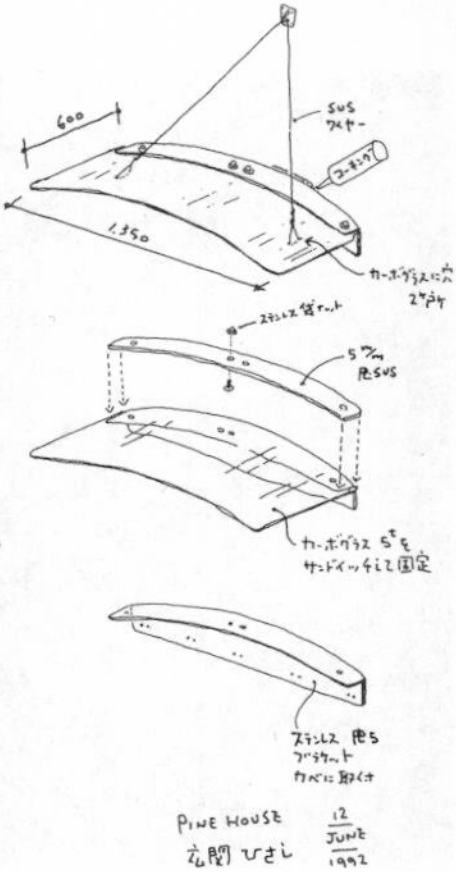

「玄関に庇はつきますでしょうか？」

せで次期工事送りにしてしまった居間の前のブリッジとラセン階段のほうを先にやっておくべきではないかと考えています。あの庭への階段は、建築的にも生活的にも「要《かなめ》」ともいうべき重要な部分ですから、経済的な理由は痛いほど承知しつつ、実はあきらめ切れない思いで悶々としていたのです。円弧状のアプローチから部屋を抜け、ブリッジを渡りラセン階段を経て庭に降りる、という空間体験のひとつながりのストーリーが、あの階段を失うことで尻切れトンボになってしまうのがやはり残念でなりません。樹木の幹に沿って新緑の葉裏を仰ぎみつつ渦巻きながら上昇していくことや、次第に深い緑の中に身を沈めていく体験はいか

「居間と庭との近すぎず、遠すぎない高さの関係」

にも愉しそうではありませんか？　居間と庭との近すぎず、遠すぎない高さの関係は、この住宅の空間的な面白さのひとつといってもよいのですが、その間を視線だけでなく人も自在に行き来できたら魅力もずっと増すように思うのです。

暖炉工事（これは後からでも簡単にできます）とブリッジ・ラセン階段工事は予算的にもほぼ同額です。おふたりの貯金通帳をのぞき込むようで恐縮ですが、もう一度、あれこれ算段してみていただけませんか。

朗報をお待ちしています。

1993年4月　住みはじめて

中村好文様

庭の植栽が全部終わりました。「ケヤキは夏には黒っぽい緑になってしまうから、リビングの窓の対面に植える木はカツラにしたらどうだろう」という中村さんの提案に従って正解でした。まだ緑に包まれるまでには時間がかかりそうですが、それでも庭に木々が植えられると、呼吸が整うような落ち着いた気持ちになります。

二階のバスルームから洗濯機のある一階へ洗濯物を落とすことができるシューターや、キッチンの無駄な空間のない収納など、この家に潜んでいるささやかな仕掛けも毎日楽しんでいます。かゆいところに手が届くというか、細かく注文したわけではないのに、細心の仕上がりになっているのを見るのはうれしいものです。手で触れるところはどこを取っても手に馴染むこの家は、日常品としての芸術、という言葉を想起させます。

これだけ舞台装置をつくってくれたわけですから、あとは役者の問題ですね。結婚したばかりのわれわれは、しばらくセリフをとちったり出番を間違えたりし

「樹木の幹に沿って新緑の葉裏を仰ぎみつつ渦巻きながら上昇していくこと」

そうですが、出来のいい小屋でこそ役者は育つ、と信じて生活していこうと思います。

先日、沖縄の波照間島で「泡波」というおいしい焼酎を手に入れました。ぜひ飲みにいらしてください。お待ちしています。

1993年9月　久し振りにお宅を訪ねて

松家仁之様

ウィードの森さんが植栽の様子を見に行くというので、お留守だとわかっていたのですが一緒にお宅にうかがいました。カツラの木の落葉の件は心配ないとのこと。「羽振り」という一時的な現象だそうです（樹自身に負担がかからないように自ら葉を振り落とすということらしいです）。三〜四年で松家さんご希望の自然な感じの庭になるだろうと森さんはいっていました。

さて、久し振りにお宅にうかがってみると、当然のことながらすっかり松家さん夫妻の住まいになっており、自分の家ではなかったことにあらためて気づかされるのでした。設計者というものは、長い時間その家の設計と工事に付き添って過ごしているうちに、ただ単に「勝手知ったる他人の家」にすぎないにもかかわらず、自分の家のような奇妙な錯覚をもってしまうものらしいです。

その自分の設計した家が、きれいに整頓され、美しく、楽しそうに住みこなされているのを見るのは本当にうれしいことです。家全体に静かな生活の秩序のようなものが支配しており、確かな暮らしの手応えを感じました。建物に人間とい

「自分の設計した家が、きれいに整頓され、美しく、楽しそうに住みこなされているのを見るのは本当にうれしいことです」

う血が通うと、こうも違うものかと目を見張る思いでした。

裕子さんからオメデタのニュース聞きました。いつか松家さんからいただいた手紙には、家が芝居小屋に、松家さんたちが役者にたとえられていましたが、その役者が来年には揃うことになるわけですね。僕も心待ちにしています。それでは、また。

旅の愉しみ

パーゴラの下で

戸外で食事をするのは、ちょっとした祝祭気分があって愉しいものです。しかも、どうやら私にはいくらかラテンの血が混じっているらしく、こういう特別気分の食事にはお酒というものが欠かせないたちですから、食事と一緒に戸外でお酒を飲む愉しさも、これまでずいぶんいろいろな場所で味わってきました。自宅に気持ちのよい庭や、広々とした眺めのよいベランダでも持っていれば、仕事に追われる日々の忙しい時間をやりくりしてでも、そうした食事の時間を持ちたいところですが、そこが「紺屋の白ばかま」の悲しさ！

建築家の私が、こういう時間を本当に愉しめる場所は、友人の家、あるいは私が設計した住宅ということになってしまうのです。

しかしまた、愉しみのためにたっぷり時間を割くことのできる旅行中にも、こちらの心がけ次第で、こうした至福の時と所がそこここに待ち受けていることを、忘れずに書いておきたいと思います。そして、私の場合、いつのころからか旅が自分の生活の一部を占めるようになったおかげで、この愉しみの機会が飛躍的に増えてきました。

こう書きながら、ちょっと思い出すだけでも、親しい友人たちとにぎやかにおしゃべりしながら囲んだ世界各地のテーブルの光景や、目の前に広がる海を眺めながら噛みしめるように味わった一人旅の食事の時間、またその折々、グラスの中の茜色や小麦色の液体に射し込んだ日射しの具合や、頬や腕をなでて吹きすぎた風の感触などが、どこか身体の芯のあたりから滲み出すように鮮やかに蘇ってきます。

なかでも忘れることのできない戸外の食事は、十六年ほど前、そのころ南スイスのサンニョー村にあった友人のアオイ・フーバーさんとマックス・フーバーさん夫婦のお宅での、パーゴラの下の昼餐《おひる》かもしれません。サンニョー村はイタリアとの国境の街、キアッソから山あいに車で二十分ほど分け入ったところにある鄙《ひな》びた村です。デザイナーであり画家であるフーバー夫妻は、いつも穏やかな日射しに包まれているようなのどかな村の、古い伝統的な民家を買い取り、その家を、それはそれは美しく、居心地よく改修してそこに暮らしていました。

もともと私は、フーバー夫妻と面識はなかったのですが、偶然、イタリアのインテリア雑誌『アビターレ』に夫妻の住まいが取り上げられているのを見て、その住まいと暮らしぶりにたちまち感動し、さっそく見学のお願いの手紙をしたため、図々しくも夫婦でスイスまで押しかけて行ったのが交流のきっかけでした。そのように突然訪ねて行ったにもかかわらず、フーバー夫妻は歓待してくれ、私たちは私たちですっか

りくつろいで何泊も滞在させてもらったあげく、さらに図々しいことですが、なんだか一方的に友だち気分になってしまったのでした。

さて、ご覧いただくのはその最初の訪問から三年後、二度目の訪問の時の昼餐の写真です。季節は、忍び寄る秋の小さな粒子が、陽光や風の中にまじり始める夏の終わり頃のことでした。私たちは、目の前にゆるやかな南傾斜の草地が広がるパーゴラの下で、緑色の木漏れ陽を浴びながら、パスタメニューの食事と、話題と笑顔に彩られた簡素で豊かなひと時を過ごしたのです。マックスさんは、自分のグラスにワインを注ぐたびに、自分を指さしては片言の日本語で「ノンベ、ネェ?」とさも困ったという顔つきで言って皆を笑わせ、日本からの訪問者である「ノンベ」の私も負けじと手酌でそれに応えたのでした。

その時のフレッシュトマトとチーズのスパゲティの味も素晴らしいものでしたが、とりわけ、そのパーゴラの下で飲んだイタリアのワインの美味しかったことは今でも忘れることができません。実はあのとき、私の頭には、屋外の空気や風、そして心地よいパーゴラの緑陰というものは、ワインの味を微妙に変化させ、その味を著しく引き上げる要因になるに違いないという「新学説」が浮かんだのですが、もちろんそのことは誰にも言いませんでした。「学説」というのは学問的に充分な裏付けが取れてから発表するべきものだと考えたのです。しかし、日本に帰ってから、何気なくイタリア語の辞書をめくっていた私は、ふと思いついて、「パーゴラ」という語を引いてみて驚きました。庭園に風情をもたらす目的でつくられた、ただの日除け用の蔓棚《つるだな》ぐらいに考えていたパーゴラという言葉が、実はイタリア語で、その本来の意味が「葡萄棚」だったことを知ったからです。

「なるほど、道理で、あの時のイタリアワインが美味しかったわけだ！」

おみやげ

年々海外へ出かける機会が増えています。とくにここ数年、二十世紀の住宅の名作を世界各地に訪ね歩く旅を始めてからは、取材にかこつけて大手を振って旅をするようになり、とても設計事務所を自転車操業で切り盛りする人間とは思えない、身分不相応な「旅びたり」ぶりです。

こうなると、さすがにスタッフや仕事の関係者など周囲の人達の態度もいささか冷ややかなものになります。つまり、「いってらっしゃい」の声も次第に事務的な響きを帯びて来ますし、餞別の熨斗《のし》袋を差し出す古風な人もいません。もちろん、旅ばかりしていることに、いくぶん負い目を感じている私には、そのほうが気持ちの負担がなくて助かります。

とりわけ餞別に関しては、我が国には、行きがけの「餞別」が、帰りがけの「土産」を意味するというおぞましい習慣がありますから、うっかりこんなものをもらったりしたら、空港の免税店で、団体客の狂騒をかき分けつつ汗だくになって、餞別に見合った「おみやげ品」を選ばなくてはならなくなってしまいます。旅のさなか、折にふれて近しい友人や知人にささやかなおみやげを買うのは私の愉しみですが、単なる義理だけで、おみやげを買い漁《あさ》ることだけはしたくないと常々考えています。免税店に群がるあの行為は、なんだか旅という優雅で芳醇な時間とはずいぶんかけ離れた無粋な振舞いのような気がするからです。

元来、私には、まず人の顔を思い浮かべ、次にその人のためにおみやげを用意するという発想がなく、街角で雑貨や、ちょっとした面白い小物が眼に入ると、そのモノから友人知人の顔や、それぞれの好みが思い浮かび、じゃあこれをあの友達へのおみやげにしようとか、これならあの人にぴったりだ、と思ってはじめて店員に声をかけるのです。

さて、ここまで書いて来ると、私もずいぶんエラソーですが、ここでひとつ大問題が起こります。友人知人を思い浮かべつつ買ったそのおみやげを、ホテルの部屋で手に取って点検したり眺めたりしているうちに、だんだん惜しくなって来て、あげるのはやめにして自分のおみやげにしようかなと、ふと、心に迷いが生じてしまうことがあるのです。

もちろん、そういう「心の迷い」の可能性のありそうなものは、予防策としてあらかじめ自分用にも買っておくという、自分の性格を熟知した人間ならではの生活の知恵も身につけてはいますが、生来が欲深い人間なのでしょうね、予防策を講じなかったものに限ってこういうヨコシマな気持ちが頭をもたげるのです。

しかし、「窮すれば通ず」ということがあります。ある時、やはりホテルの部屋で包みを解いたおみやげを前に「あげるべきか、横取りすべきか、それが問題だ」とハムレットばりに煩悶《はんもん》をしていたのですが、とりあえず波立つ気持ちを鎮めるために、そのおみやげを写真に撮ってみて驚きました。シャッターを切った途端に、胸の内に

渦巻いていた物欲のモヤモヤが、雲散霧消し、かき消えてしまったからです。

結局、私は自分で思うほど阿漕《あこぎ》で邪悪な心の持ち主だったわけではなく、旅先での買い物の感興と、自分の眼と心をとらえたモノがどんなものだったのかをしっかりと記憶に留めておきたいという心理が働いていたのだと思います。このあたりの機微は、釣り人が魚拓を取った後でその魚を放してやる心理によく似ているような気がします。

さて、ここで、二枚の写真をご覧いただきたいと思います。

一枚は、フィレンツェのホテルの部屋で取ったおみやげの集合記念写真。このときのおみやげナンバーワンは写真中央

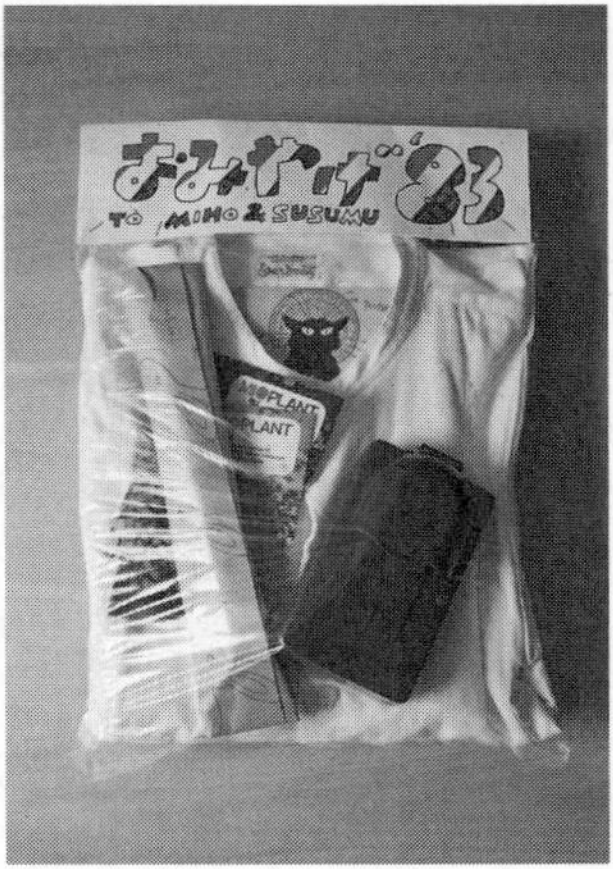

の瓶詰めになったフレスコ画用の岩彩です。ZECCHIという画材屋で見つけた途端に、日本画を描いている知り合いの喜ぶ顔が浮かんで即座に買い求めました。

もう一枚は、友人夫妻のために買って帰ったおみやげを詰め合わせにしたパッケージの写真。袋に'83とありますから、私はずいぶん昔からこんなことをしていたことになりますが、おみやげはそれをどのように渡すかを考え、工夫するのが帰ってからの旅の愉しみのひとつであることは今も変わりません。

プレゼントは中身の問題ではなく、本来、その人への「気持ち」が包み込まれているべきものと考えると、このパッケージというものがおろそかにできないのです。こんなことも、私は「旅びたり」の日々から学んだようです。

建物にさわる人

映画ファンには珍しいことではないかも知れませんが、私には、なにかのきっかけで、ふと映画のシーンが鮮明に瞼の裏に映し出されることがあります。

実はつい最近もそんなことがありました。スタンリー・キューブリック監督の遺作が封切られるというニュースを聞いて、突然、彼の代表作である『２００１年宇宙の旅』の一シーンを鮮やかに想い出したのです。そのシーンを最初に観たのは、もう四半世紀以上も前のことですが、あの時の息詰まる思いとその感動は、今でも忘れることはできません。

有名な映画ですから、ご覧になった方も多いはずです。映画の詳しい説明は省きますが、私をハラハラドキドキさせたシーンは、人間の祖先とおぼしき猿の一種族が、宇宙から飛来した長方形の謎の物体に恐る恐る触れるシーンでした。

得体の知れない不気味な黒い物体に、リーダー格の猿の毛むくじゃらの手が少しずつ、少しずつ近づいてゆき、ついにその指先が、そして手のひらが触れる緊迫した瞬間を、私は息をひそめ、全感覚を自分の手のひらに集めて食い入るようにスクリーンを見つめていました。

今考えてもあのシーンは、映画史上屈指の触覚的なシーンでした。たかが映画でもこのようなシーンに手に汗握ってしまう私は、どうやら触覚型の人間にちがいありません。そのことは、私が、建築の設計や家具デザインをコンセプトやテーマだけでなく、「さわり」の善し悪しで判断したり、評価したりする癖があることでも明らかです。建物を見学するときにももちろんこの癖が頭をもたげます。

「建物の見学は、実際にそれが建っている同じ地面に立ち、建物と同じ陽射しを浴び、同じ風に吹かれながら見るべきものだよ……」と、したり顔で学生に話すこともありますが、なぁに、本当のところは、私はお目当ての建物にただ**さわりたい**という潜在的な願望があるだけかもしれないのです。

思えば、これまでにずいぶんたくさんの建物をさわって来ました。そして、これは偶然ではないと思いますが、さわり甲斐のある建築は、例外なく建築家のモノに対する、そして人間に対する愛情が感じられる建築だったのです。言い方をかえれば、私を魅了した建築は、どこかに必ずそれを設計した建築家や、それを造りだした職人の暖かい手の温もりを想い起こさせる「さわりの良さ」を備えていました。

たとえば、フィンランドのアルヴァ・アアルトの建物の入口扉には彼の手のひらで撫でまわされ造り出されたブロンズ製の彫刻的な把手が付いていて、訪問者は必ずそれを握ることになっていました。つまり、私たちは建物に笑顔で近づいて行って、その建物と握手するような案配になるのですが、これがなかなかいい感じなのです。

また、ルイス・カーンの美しい神殿を思わせる建築の内部では、さわることを大切にしたこの建築家のたぐいまれな手の感覚の証とも言える、ステンレスの板を丸めた手のこんだ階段の手摺に、眼と手、そして心が釘付けになったものです。

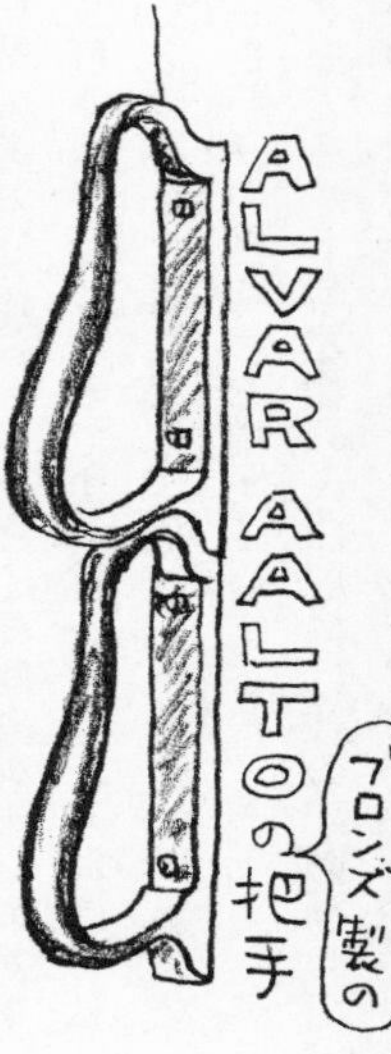

と、ここまで書いてきたら、突然、堀辰雄に唐招提寺の円柱に触れる印象的なくだりがあったことを思い出しました。

古い本を探し出して読み直してみたら、これがなんとも素晴らしい名文です。なんだか、自分の文章をつづける元気も、勇気もなくなってしまいました。

唐突ですが、ここで、読者にその部分をご紹介しようと思います。昭和十六年の秋に書かれた『大和路・信濃路』（所収／人文書院）の一節です。

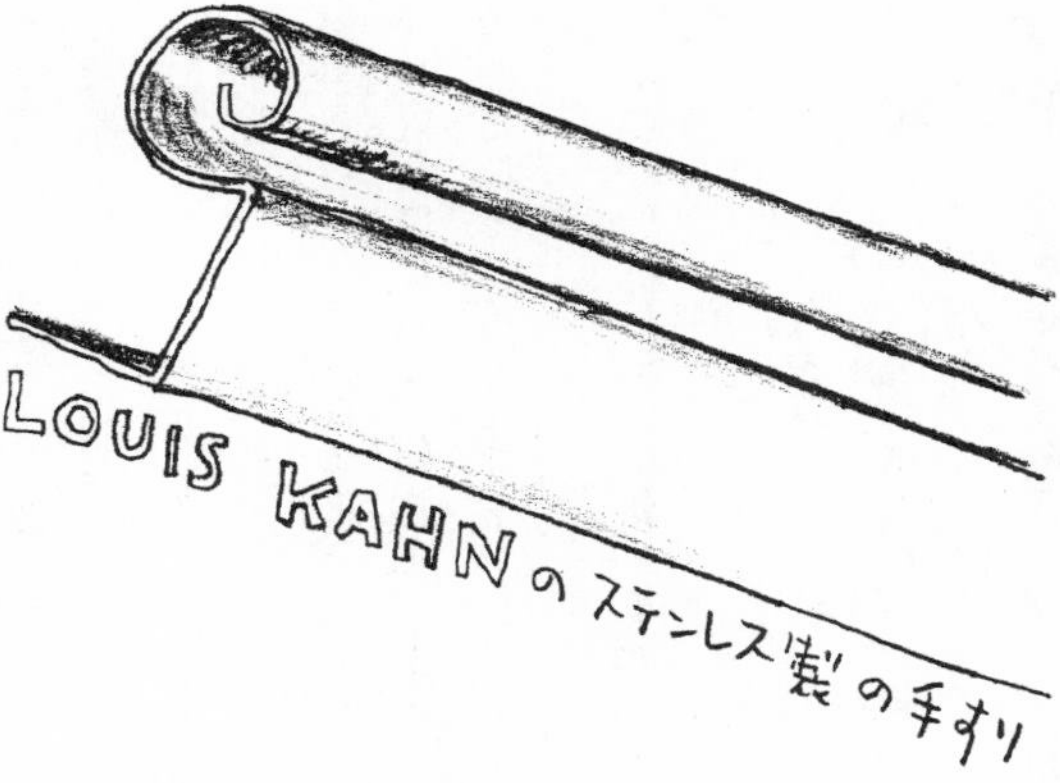

＊

それだけでも僕はよかつた。何もしないで、いま、ここにかうしているだけでも、僕はたいへん好い事をしているやうな気がした。（中略）僕はけふはもうこの位にして、此処を立ち去ろうと思ひながら、最後にちよつとだけ人間の気まぐれを許して貰ふやうに、円柱の一つに近づいて手を撫でながら、その太い柱の真んなかのエンタシスの工合を自分の手のうちにしみじみと味はうとした。僕はそのときふとその手を休めて、ぢつと一つところにそれを押しつけた。僕は異様に心が躍つた。さうやつてみていると、夕冷えのなかに、その柱だけがまだ温かい。ほんのりと温かい。その太い柱の深部に滲み込んだ日の暖かみがまだ消えやらずに残つているらしい。

僕はそれから顔をその柱すれすれにして、それを嗅いでみた。日なたの匂いまでそこには幽かに残つていた……

＊

うーむ。

堀辰雄ほどの人になると、さわるだけでなくその匂いなんかも嗅いでしまうのですね。私も今度からは、建物を手で撫でまわすばかりでなく、嗅いでみたり、頬ずりしたりしてみるつもりです。

スイス・アーミーの懐中電灯

「なんか、おもちゃみたいなモノが、たくさんありますね」

私の自宅や仕事場《アトリエ》に初めて足を踏み入れた人が、よく、そう漏らすことがあります。言われてみて、あらためて眺め渡すと、なるほど、その「みたいなモノ」が目に付く部屋かもしれません。金目のモノ、高価なモノは一切ありません。古道具屋や雑貨屋で買った安物の小物、旅先で拾ってきた小石や流木など、私にとってはちょっとした宝物ですが、他人様《よそ》にはただのガラクタが、いつの間にか自分の周りに集まって来て、部屋のあちこちに我がもの顔で鎮座しているというわけです。

しかし、ガラクタとはいえ、その選択に、自分なりの価値基準がないわけではありません。そして、それは、建築家という私の職業に密接に関係しているように思います。分かりやすく言いますと、私が、時々手に取ってもてあそんだり、しみじみ眺めたりしているそのガラクタ同然のおもちゃたちは、私にとっては何らかの形で教材的な役割を持っているということです。

その素材や、風合いや、形や、仕組みや仕掛けの面白さが、どこかで建築的なアイデアにつながったり、新しい家具のデザインのヒントになっているということがよくあるのです。つまり、一見ガラクタの顔をしていますが、実は、私にとっては、立派な『教育的玩具』ということになります。「教育的」と、あえて呼ぶ理由はそれだけではありません。建築のアイデアや家具デザインに直接的に結びつくものばかりでなく、そのモノを背後から支えている考え方やその精神から多くを学ぶ、ということもよくあります。

たとえばここでご覧いただく、もとはスイス・アーミー用のグッズだったという懐中電灯は、二十年ほど前スイスの田舎町で見つけて買ったものですが、この安物（五百円くらいでした）の懐中電灯などは見事に「教育的」です。スイスにはどういうわけか、人の心をくすぐる雑貨（なんといってもあのアーミーナイフを生んだ国です）が多いというのが私の印象ですが、そのスイスで偶然入った雑貨屋で見つけたのがこの懐中電灯でした。

見つけた途端に「ムムッ、これは！」と思いましたが、買って帰ってからも、その懐中電灯を手にとっていじりまわしていると、ブリキ細工の一見無骨な道具に、これを作り出した人の様々なアイデアや、工夫や、こだわりが、それこそ手に取るように分かり、そのデザインのゆるぎない説得力と愛らしい形態に心から敬服せざるを得なくなるのです。

現物をご覧いただけないのが本当に残念ですが、簡単に説明しますと……まず、その大きさは、ちょうどカセットテープのケースを二つ重ねたくらいのサイズで掌《てのひら》にちょうどすっぽり納まり、重さは電池を入れて約三百グラム。色はオリーブグリーン、つまり軍隊色で、素材はスチールです。

外側の特徴は、円形ガラスのはまったライト部分をスコップを伏せたような形のカヴァーで（カヴァーは開閉でき、任意の角度で止まります）覆っていることと、裏側にベルト通しが付いていること、そしてスイッチが二種類、点灯用と点滅用（仲間に光でモールス信号を送るわけでしょうね）が付いていることです。

　簡単な仕組みですが、それなりの水密性も備えていそうなバックルを外してカパッと蓋を開けると、内部は、懐中電灯の仕組み図をそのまま形にしたように簡素そのものので、意気込んで開けると、なんだか拍子抜けするほどです。それでいて、スペア電球のホルダーまでちゃんと付いています。

　点灯用と点滅用の使い分けのスイッチは、思わず笑ってしまうぐらいチャチですが、単純な仕組みだけに、絶対に壊れることのない過不足のない作りです。

　私と同世代ぐらいまでの人なら、お分かりいただけるはずですが、全体の印象は、アルミのお弁当箱の付属品として付いていた密閉用パッキン付きの「おかず入れ」を改造して懐中電灯にしたような代物なのです。この安物の懐中電灯から、合理性や機能性、耐久性や操作性、そしてデザインの妥当性や経済性ということ

を教えられるような気がします。

無理も無駄もなく、必然によって生まれてきた姿と形は、本当に美しく、魅力的なものだと思うのです。蓋の表面に打ち出し模様にされた石弓のマーク（ウィリアム・テルが、スイスの英雄だったことを思い出しましょう！）からは、控え目ながらも充分に効果的で品格のある意匠心を感じます。

建築も家具も、ぜひ、このようにありたいものだと私は思うのです。

私家版　住宅用語辞典

住宅設計に取り組んでいると、
普段なにげなく使っている
住まいの部分を指す専門用語の背後にも、
暮らしの機微を物語る滋味のある話が
詰まっていることに気づきます。
いずれ本格的に
取り組んでみたら面白いと思いますが、
「あいうえお順」に思いつくまま
イラスト辞典風に並べてみました。

上げ板から取り出された
〝ぬかみそ〟を美味しいと感じた者は
この所帯じみた装置を非難する
資格を失う

上げ板

床板の一部を取り外し可能にし、床下の空間を貯蔵用などに使用するもの。「揚げ板」とも書く。冷蔵庫の普及以前は、どこの家でも台所床下のひんやりした空気と風通しを利用して、野菜や保存職を貯蔵したものである。ちょっとした空間の有効利用という感じや、「生活の知恵」などという魔力のある言葉とも密接な関係があるらしく、各家庭が大型冷蔵庫を持つようになったいまでも主婦層に根強い人気がある。建築家からの意見を述べさせてもらえば、床にひざまずいて中のものを出し入れしなければならないことや、カタカタする蓋床の不安定感、それに既製品の収納庫を使う場合のアルミフレームの冷たい感触などに問題があり、おすすめしにくいのだが、一方で床下の点検口を兼ねられることや、ごく稀に、この「上げ板」から秘蔵の美味しいぬかみそを取り出してくれる奇特なクライアントなどもいることから、私個人としてはまっこうから反対の立場はとっていない。

上げ下げ窓

上げたり下げたりして開閉する窓。縦型の引違い窓や片引き窓と思えばよい。電車や列車の窓でおなじみの窓だが、引違い窓のようには横長の大きな窓が取れないためか、日本の住宅で使われることは案外少ない。通常、縦枠の溝をガイドにして建具が上下にスライドする。開閉を容易にするためにバランサー（分銅）を仕込んだり、スプリング式にしたりすることもある。二十年ほど前イギリスの列車で見た上げ下げ窓は、幅広のベルト状の革を引くと、いとも簡単に窓が迫《せ》上がって閉まるというものだったが、あれがどんな機構になっていたか未だにわからない。鉄道マニアの方で、こんなことに詳しい方がいらしたらぜひご教示いただきたい。

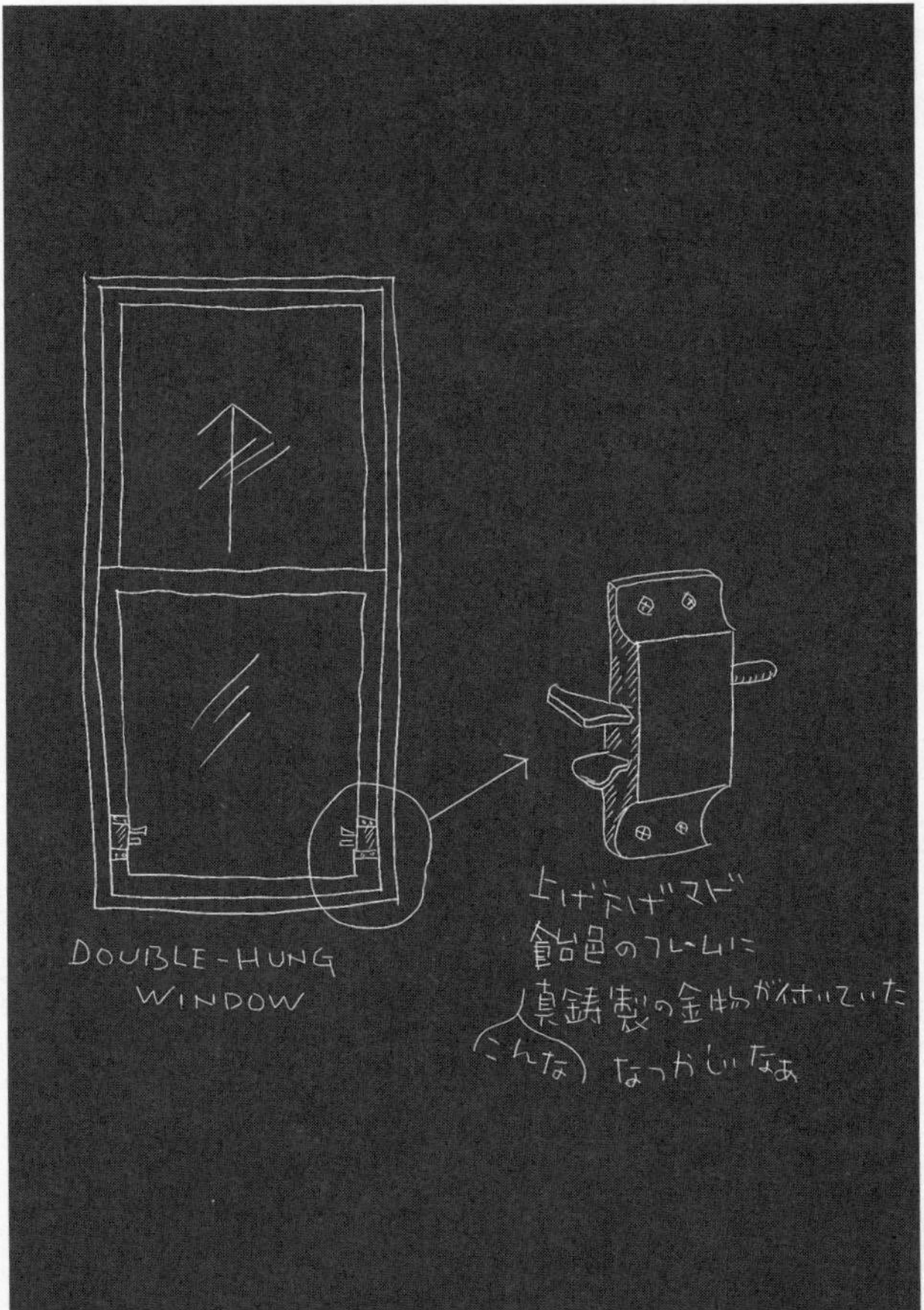
DOUBLE-HUNG
WINDOW
上げ下げマド
飴色のフレームに
真鍮製の金物が付いていた
こんな
なつかしいなあ

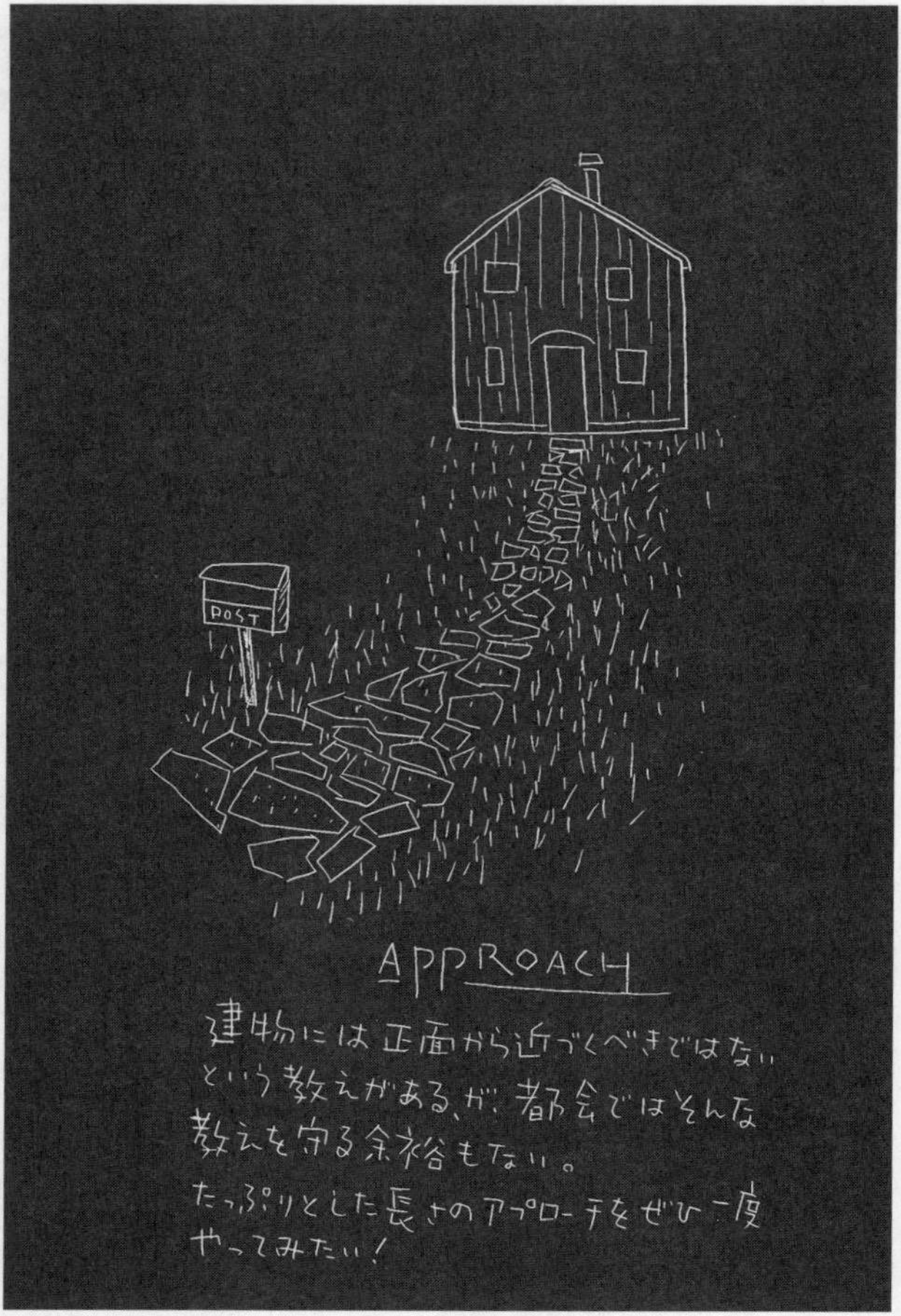
POST
APPROACH
建物には正面から近づくべきではない
という教えがある、が、都会ではそんな
教えを守る余裕もない。
たっぷりとした長さのアプローチをぜひ一度
やってみたい！

アプローチ

建物に近づく道のりのこと。通常、公道から玄関ドアに至るまでをこう呼ぶ。住宅の場合、特にこの「アプローチ」は重要である。そこに住む者も訪問者も、この「アプローチ」を歩むことでストレスという名の街の塵埃《じんあい》や社会人としての身構えを振り落とすことができるからである。しかし皮肉なことに、ストレスの多い都会ほど、そしてそれが本当に必要な人の住宅ほど、この「アプローチ」が取りにくくなる。どうかするとドア一枚で魑魅魍魎《ちみもうりょう》（は大げさだけど）の住む外界と接してしまうという事態が出来《しゅったい》する。せめて十二歩分くらいの「アプローチ」が取れぬものかと清貧の味方、庶民派建築家は苦慮するのである。

ALCOVEの中の書斎

アルコーヴ

部屋の壁の一部を後退させて設けた付属的な小空間。部屋の中のもうひとつの部屋ということから、スケール的にも親密な雰囲気を持った空間になる。人間にはどこか本能的に穴蔵にもぐり込みたいという願望があるものらしい。太古の頃の住まいの記憶からだという説もあるし、子宮回帰願望だと主張する人もいる。本当のところはよくわからないが、私の場合、「アルコーヴ」の空間に、深い安堵感と安心感をおぼえることは確かである。

イングルヌック

入込暖炉《いりこみだんろ》。前出の「アルコーヴ」の中に暖炉をしつらえたもの。その内部に「火」を持つことでいっそう太古的な、あるいは胎内的な気分が漂う密実で暖かい小空間になる。ヨーロッパ各地の民家に見られ、どこがその本場なのかはわからない。日本でいえば、炬燵と押入れを足して囲炉裏で割ったような空間といえばおわかりいただけるだろう。本来は大部屋全体が暖めきれない厳冬期に逃げ込むための一種の暖房室である。スイスの友人の民家で見た「イングルヌック」の中には酒瓶を置いておく棚あり、燻製のためのニッチあり、造り付けの小さなベンチありで、ほとんど小宇宙と呼びたいほどの居心地を醸し出していた。

ANNO 1986 DOMMINO
INGLENOOK

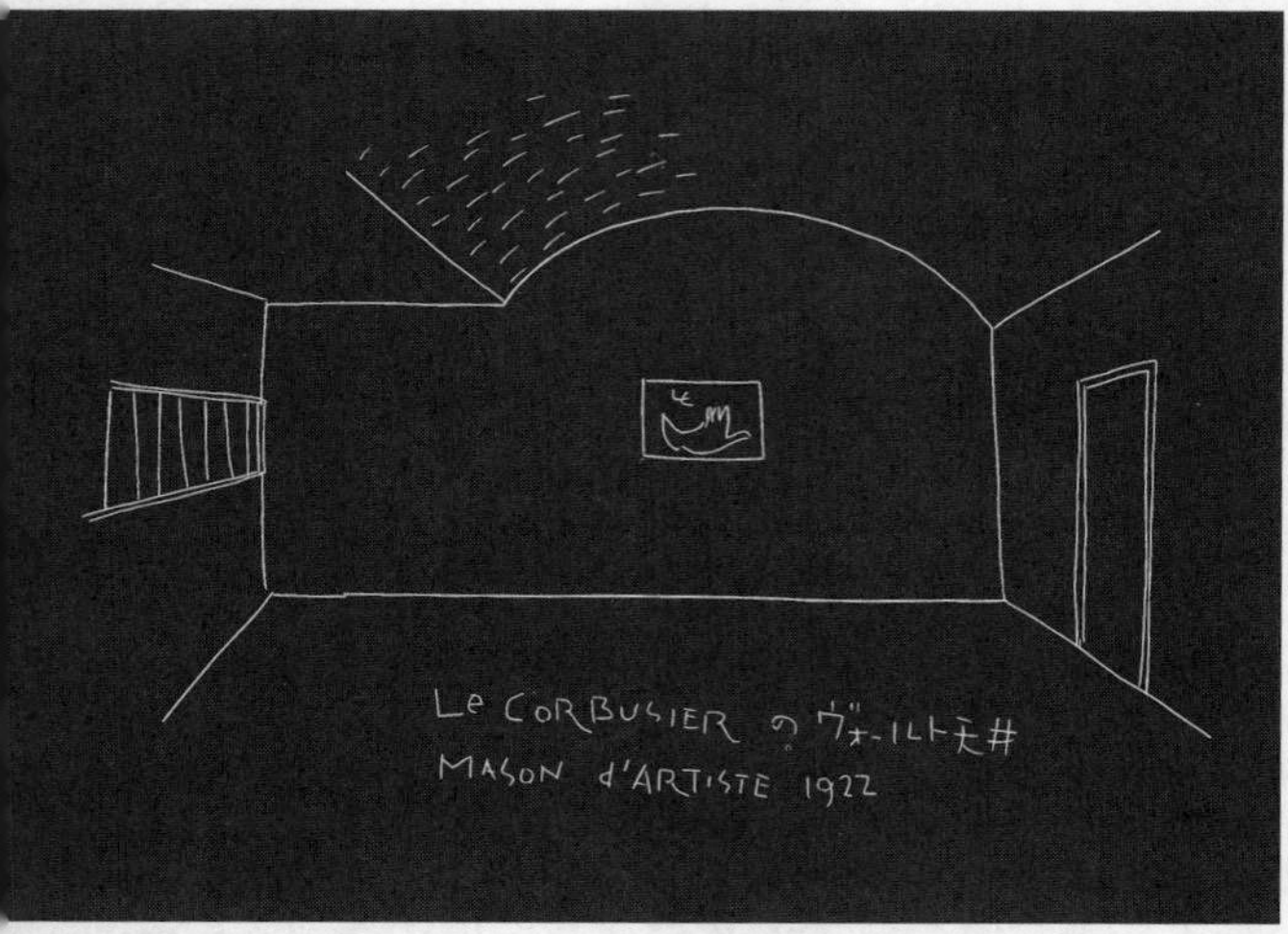

ヴォールト屋根
ヴォールト天井

円弧状の曲面を持つ屋根または天井。平らな屋根や天井の持つ無性格な堅い印象を拭い、空間に柔らかな表情をもたらしてくれることから、ここ数年来建築家たちのお気に入りの造形ヴォキャブラリーになっている。空間的、造形的な魅力は圧倒的で、すぐにでも飛びつきたくなるものだが、設計側からは事前に注意しておかなければならないこともある。そのひとつは照明計画。なにしろ照明器具の取り付けようがないのである。直

付けにしろ、ダウンライトにしろペンダントにしろ、ヴォールト天井に照明器具を付けるのは至難の業である。私は、ヴォールト天井には可能なかぎり照明器具を付けないことに決めている。もうひとつの問題は「音」。天井の凹面が一種の反響板として働き、「音」が常に自分のほうに反射して返ってくる。吸音率の低い固い素材だけで囲まれたヴォールト天井を持つ部屋の反射音は、時として耐え難いものになることがある。部屋の吸音には十分な配慮が必要である。

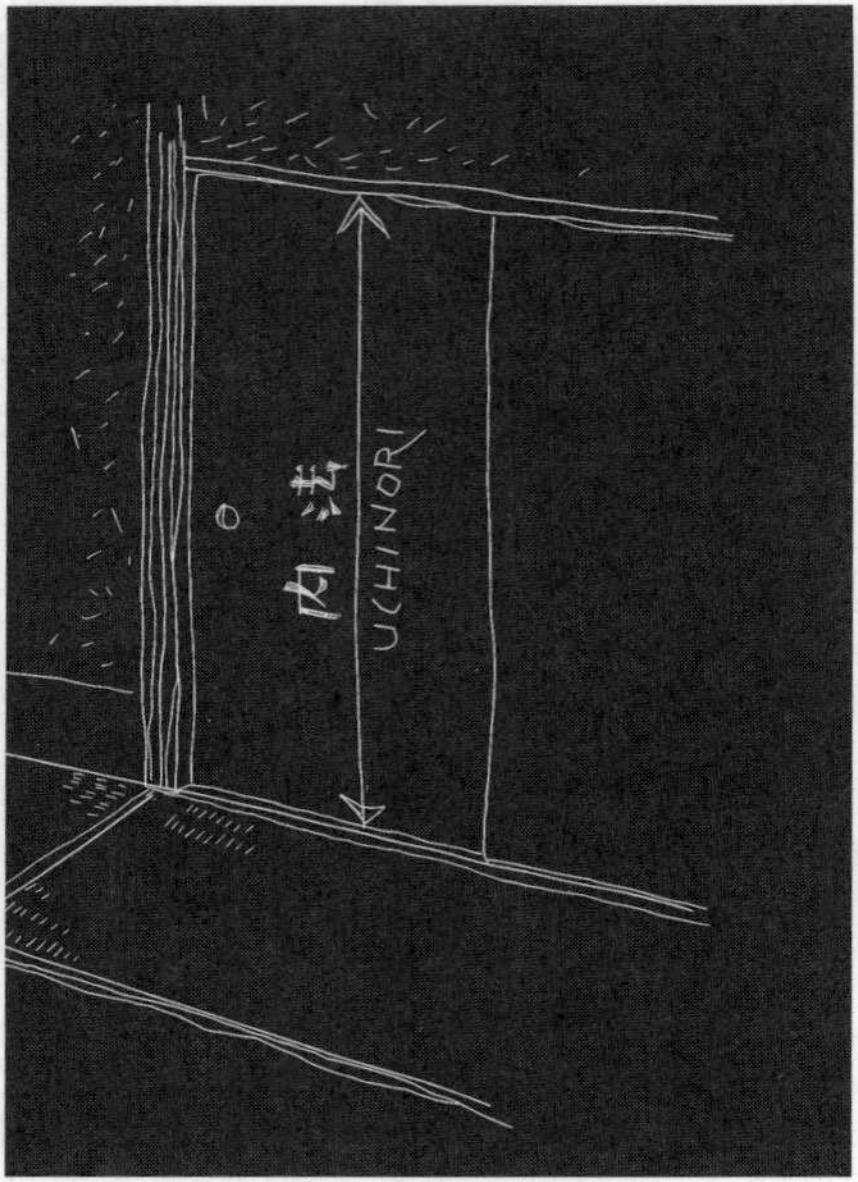

内法《うちのり》

内側の寸法。内々《うちうち》寸法ともいうが、これは内側から内側までの寸法という意味である。窓や出入口の幅や高さなどの有効寸法をこう呼ぶ。ただし、単に「内法」とだけいう場合は、内法の《高さ》を示す。和風建築では通常、出入口に鴨居が通るので、「内法」は鴨居の高さという意味になる。寸法にはこのほかに「外法《そとのり》寸法（外側から外側までの寸法）」「芯芯寸法（部材の中心から中心までの寸法）」などがある。

置床

床の間の形式のひとつ。正式な床の間を設ける余地のない場合、簡易的にしつらえる移動可能な床の間。短い床柱の付いた低い戸棚が一般的だが、もちろん板一枚でも「置床」になりうる。欧米にはいわゆる「床の間」はないが、その家のしかるべき壁の前にコモドゥと呼ばれる引出し箪笥やチェストを置き、その周辺を美しくしつらえているのを見かける。これなどまったく洋風の「置床」と呼んでも差しつかえない。

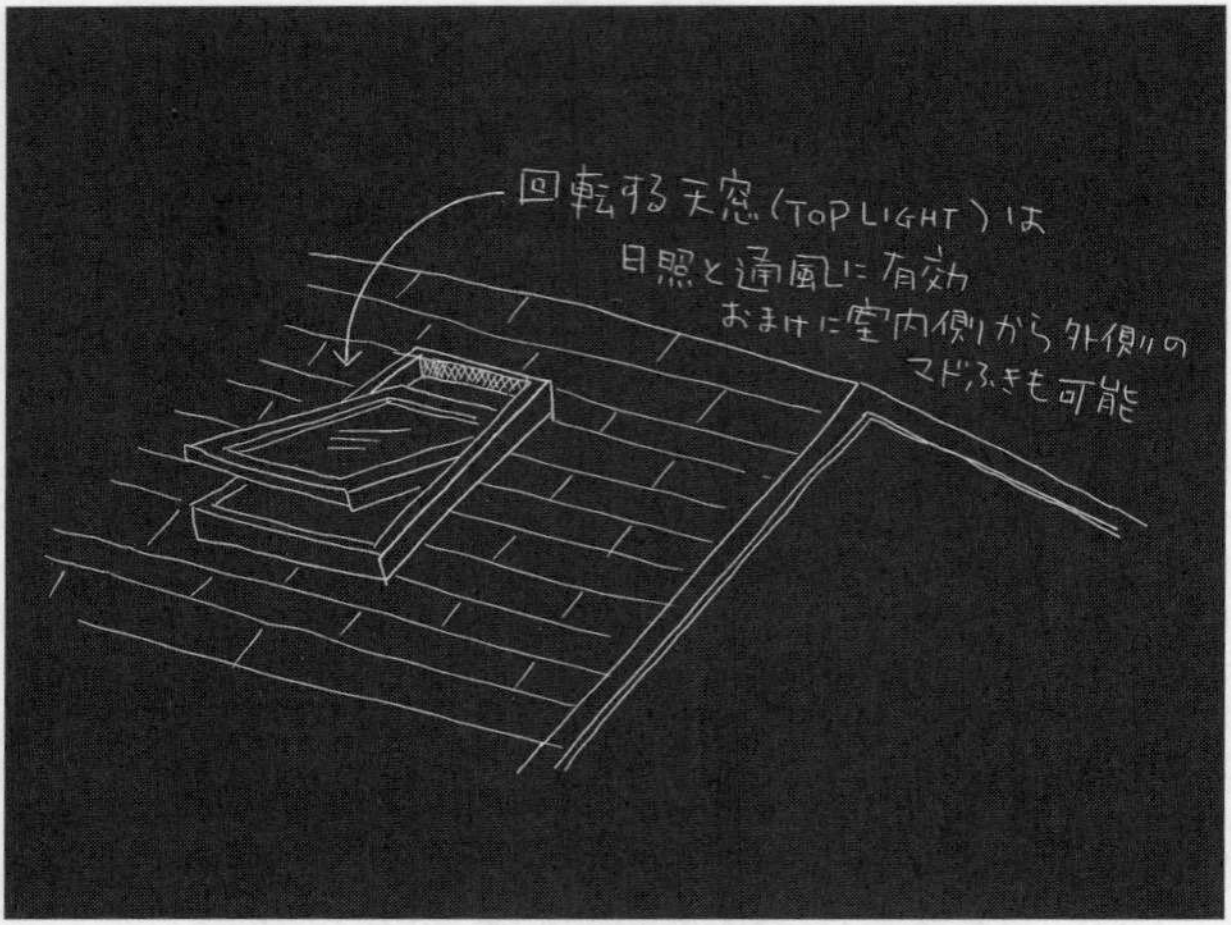
回転する天窓(TOP LIGHT)は
日照と通風に有効
おまけに室内側から外側の
マドふきも可能

回転窓

建具と中央部に回転軸を設け、回転式に開閉するようにした窓。縦軸回転と横軸回転がある。軸部の機構に厳密な精度が要求され、雨仕舞い(雨水の処理のこと)も難しくなるため、大工と建具屋による従来の現場仕事では幾分手に余り、窓枠と建具が一体に工場生産された既製品のほうがより多く使われる。屋根に取り付ける開閉式の天窓(トップライト)などは、性能の点や経済性から考えても既製品に限る。回転窓の最大の利点は建具を回転させて外側のガラスも拭けることである。

鎌錠《かまじょう》

引戸用の錠前で、戸当たり枠に取り付けた受け座を鎌状に引っ掛けて鍵をかけるもの。小さなつまみを指先でひねる形式や、ボタンを押すだけでカチリと作動するもの、シリンダー錠付きのしっかりしたものなど多種多様である。しかし、引戸というある程度ルーズな余裕（アソビという）が必要で、湿度などの影響を受けやすい木製建具に使用すると、割合に故障が生じやすいという欠点がある。もちろんこれは鎌錠そのもののせいではなく、木製建具の宿命的な欠陥が原因である。だからといって木製建具をやめるわけにもいかないし、引戸をやめるわけにもいかない。どちらも欠点を差し引いても有り余る魅力がある。その弱点を十分に理解したうえで、気長に優しく付き合うようにしたいものである。

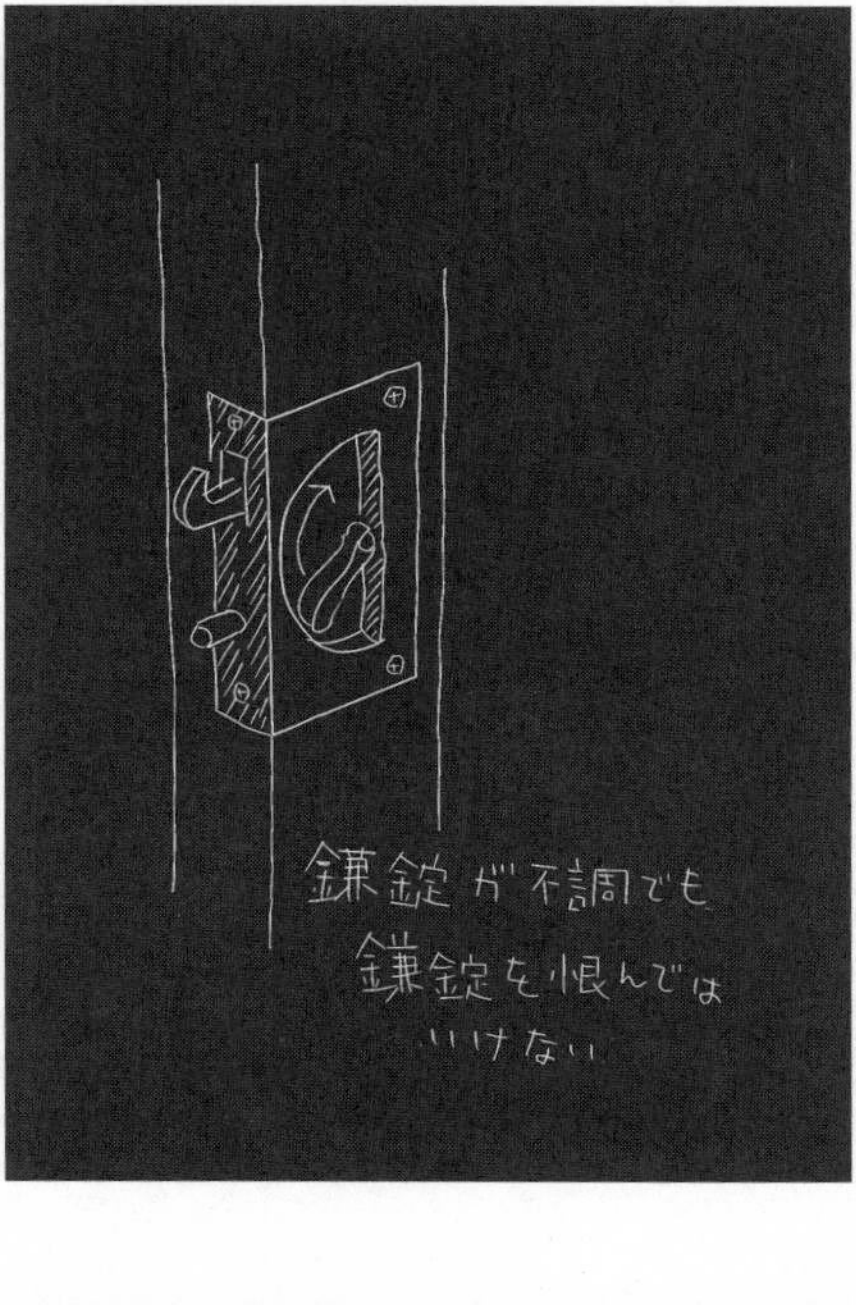

框《かまち》

へりを固める部材のこと。すなわち建具においては縦枠と横枠のことをこう呼び（厳密には縦枠を框と呼び、横枠を桟と呼ぶのが正しい）、床に段差がある場合などは高いほうのへりを固める化粧横材をこう呼ぶ。玄関の「上がり框」、床の間の「床框」がこれである。「框寸法」という言葉を聞くと、私の場合パッと建具が頭に浮かぶ。建具のデザインは苦楽相半ばする仕事であるが、突き詰めると框寸法にゆきつくような気がする。建具の構造強度や、建具金物との寸法の兼ね合いや、建具そのもののプロポーションの善し悪しなど、すべての框寸法を経験と勘によってミリ単位で煮詰めていくことで初めて成立するからである。

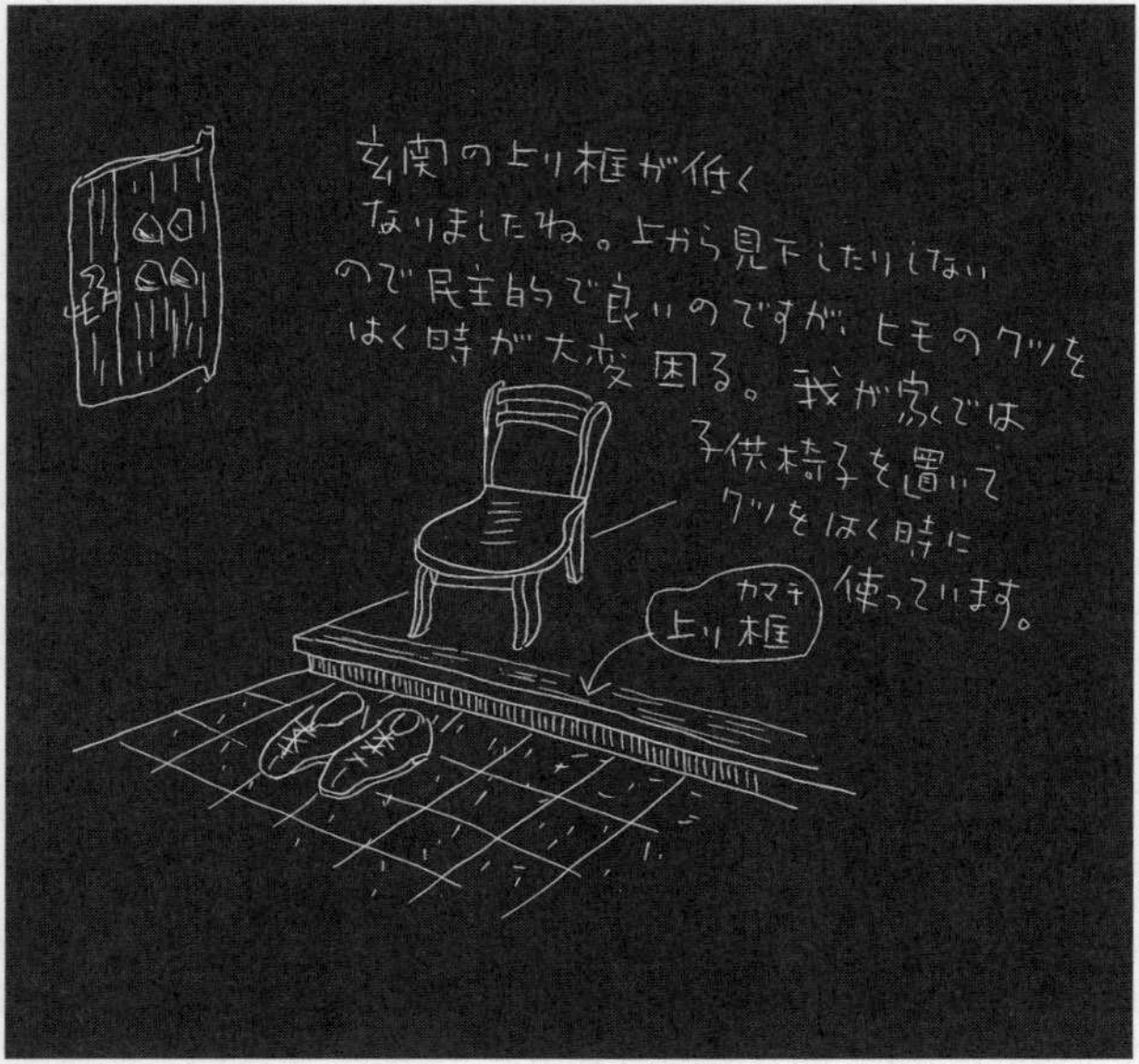
玄関の上り框が低くなりましたね。上から見下したりしないので民主的で良いのですが、ヒモのクツをはく時が大変困る。我が家では子供椅子を置いてクツをはく時に使っています。
上り框《カマチ》

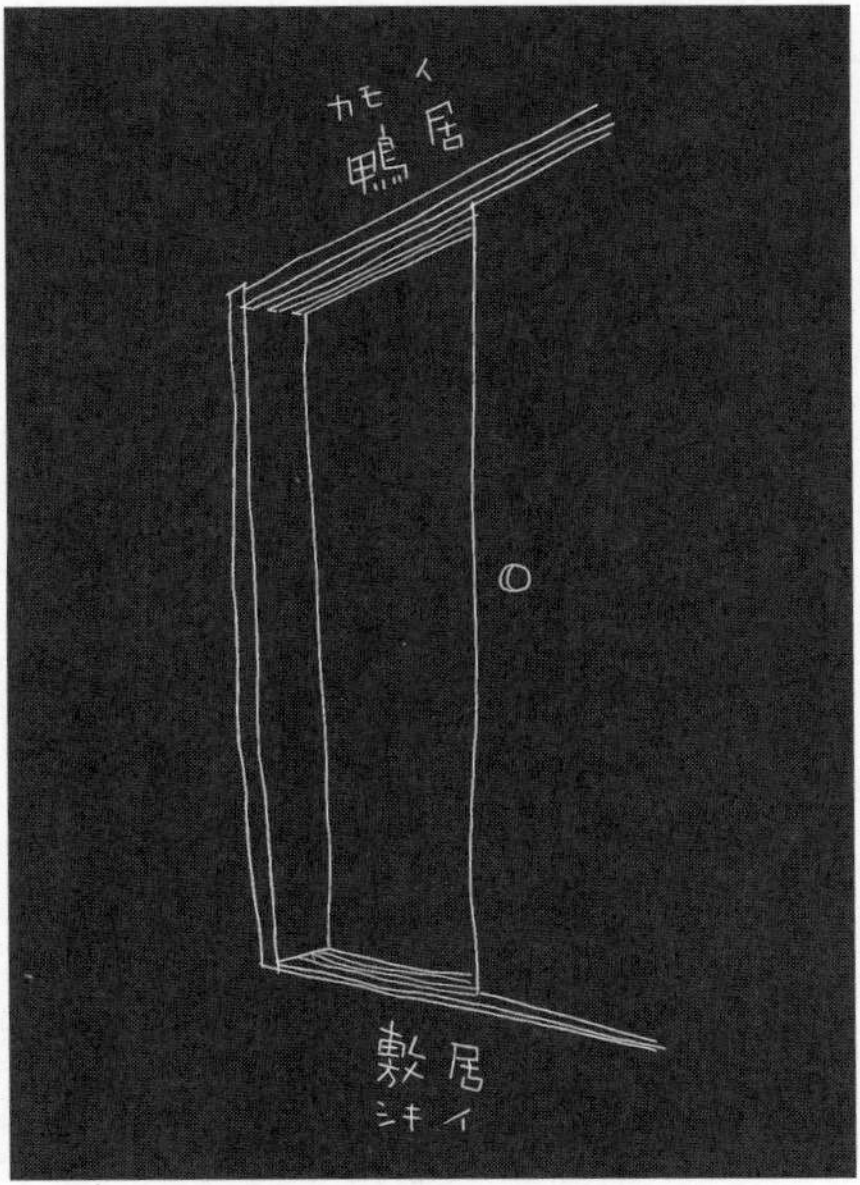

鴨居

和風建築で出入口の引戸、引違い戸の上部に必要な横材。通常、建具をスライドさせるために溝をつける。この溝の無いものを「無目《むめ》鴨居」または「無目」と呼び、壁面に開口部の高さに合わせて取り付ける化粧材を「付け鴨居」と呼ぶ。和風建築においては、この「鴨居」の高さが非常に重要なポイントになる。和風建築にたくさんの名作を残した故・村野藤吾氏は「内法は五尺八寸がちょうどいい」とさらりと言っているが、その「ちょうどいい」ところまでがどれほど遠い道のりだったのか、私など考えるだけでも気が遠くなる思いである。

ガラリ戸

鎧戸《よろいど》ともいう。建具の框《かまち》の中に数枚から数十枚の薄い板を斜めに取り付けたもの。日照や視線を遮り、通風と換気をはかることができる。南ヨーロッパの建物には欠かすことのできない建具である。旅先のホテルで、一枚のガラリ戸の下半分だけが突き出せるようになっていたり、内側に板戸が仕込んであったり、錠に特別な工夫が見られたり、そこに盛り込まれた深い経験と知恵の蓄積を目のあたりにすると、思わず顔をほころばせてメジャーとスケッチブックを取り出す建築家は私だけではあるまい。

ひとしきりガラリ戸を開けたり、閉めたり、ひっくり返したり、ひねったり、指を挟んで悲鳴を上げたりした後は昼寝を楽しむのもよろしい。街の喧騒が遠く近くガラリの羽根の間から入ってきて子守歌になり、室内を縞模様の薄明かりが包んで気分がトロンとしてくる。シエスタ（午睡）という言葉は鎧戸（ガラリ）という言葉によって裏打ちされているように思えてならない。

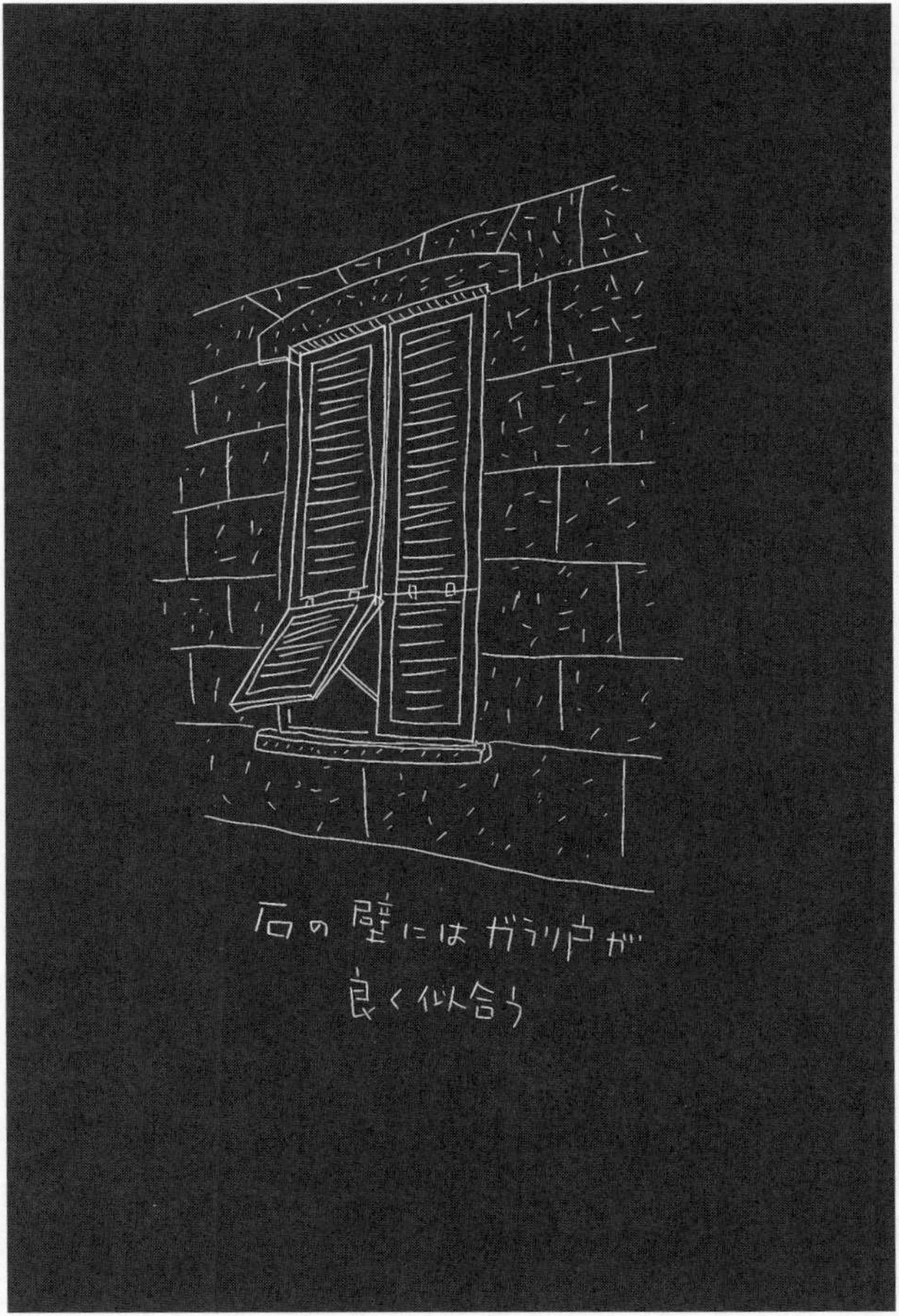
石の壁にはガラリ戸が
良く似合う

キャンティレバー

一端が固定支持され、もう一端がフリーな状態の梁または床。支持するべきじゃまっけな柱がないので、空中に軽やかに突き出された視覚的な効果がある。近代建築の建築家たちはこのキャンティレバーの浮遊感がいたくお気に召したらしく、空中に浮かぶ床や部屋を競い合って設計してきた。しかし、何も近代建築と限る必要はないのかもしれない。東大寺南大門のあの大きく張り出した見事な屋根庇《ひさし》もキャンティレバー史に残る名作なのである。

これも キャンティレバー
CANTILEVER

腰壁と高窓

腰のあたりまでの壁。その上は空いているか、窓ということになる。また、その腰壁が「胸壁」、「肩壁」、「頭壁」（断っておくが、こういう言葉は何故かない）と上がっていくと当然、窓は高窓ということになる。もっとも、高窓には背の高い窓という意味もある。絵に描いたのは私の知るかぎり最も美しい腰壁と高窓の関係である。フランドルの画家たちは、光の繊細にして微妙なニュアンスを描き分けることにかけては天才的であったが、フェルメールの描いたこの室内は、まるで斜め上方から入ってくる自然光のためにデザインされたように見えるではないか。この光、この静謐《せいひつ》、冷たく澄んだ空気、音楽が流れることで静止する時間……建築家は、こんな絵一枚に憧れと羨望の熱い溜め息を漏らす人種だということをひそかに告白しておこう。

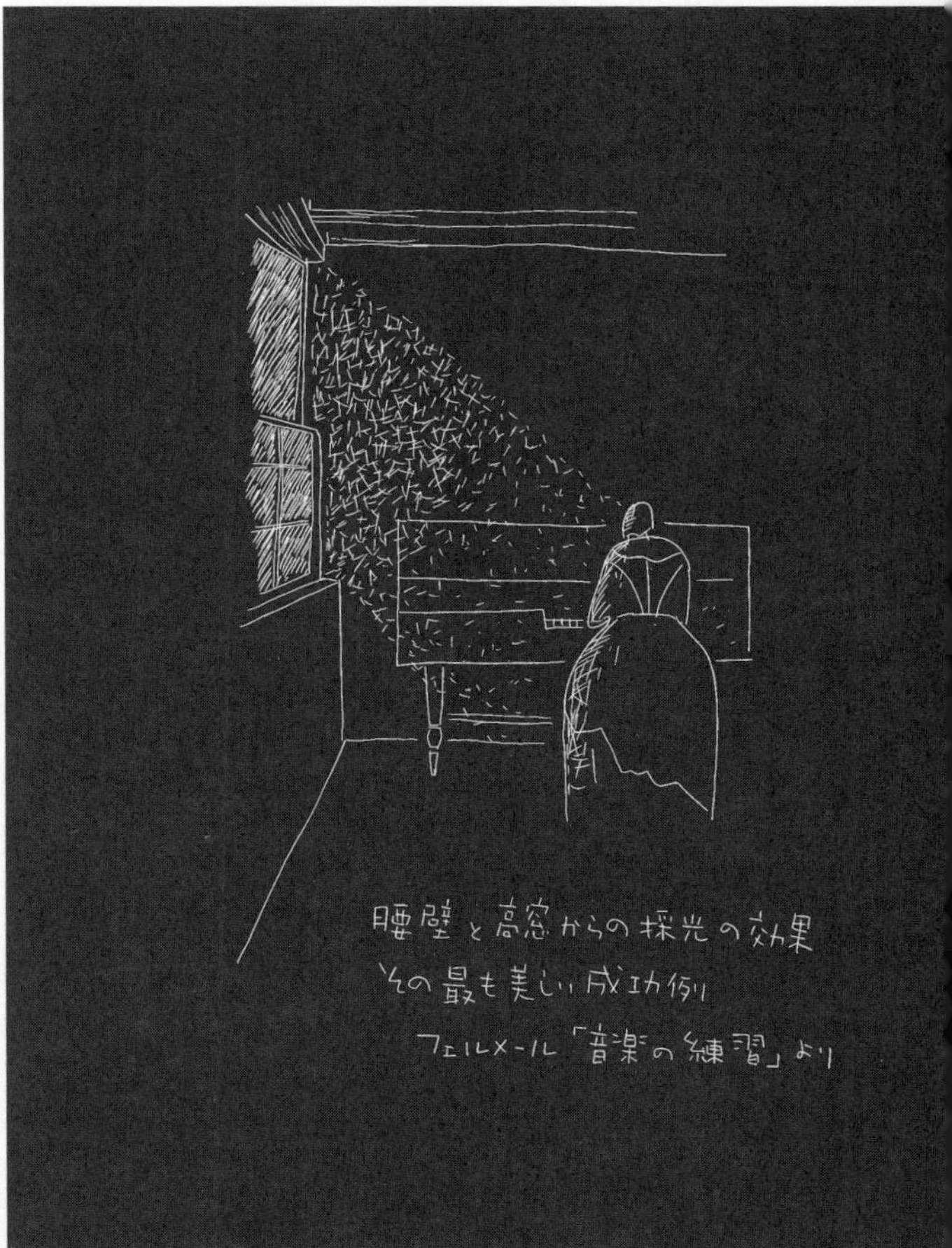
腰壁と高窓からの採光の効果
その最も美しい成功例
フェルメール「音楽の練習」より

地袋

床面に接してつくられる戸棚。床脇の違い棚などがこれに当たる。高さはせいぜい五〇センチくらいまでの低いのが普通であるが、床面に接していれば高くても「地袋」なのだと言い張るあまのじゃくもいる。しかし「地袋」という語感からしてある程度横長のプロポーションでありたいと私は思う。この地袋の上に花を飾り、大切な置物を飾ったりすることもできるし、窓辺のベンチ風に腰掛けて読書に耽《ふけ》ったりなんかしてもいっこうに構わない。

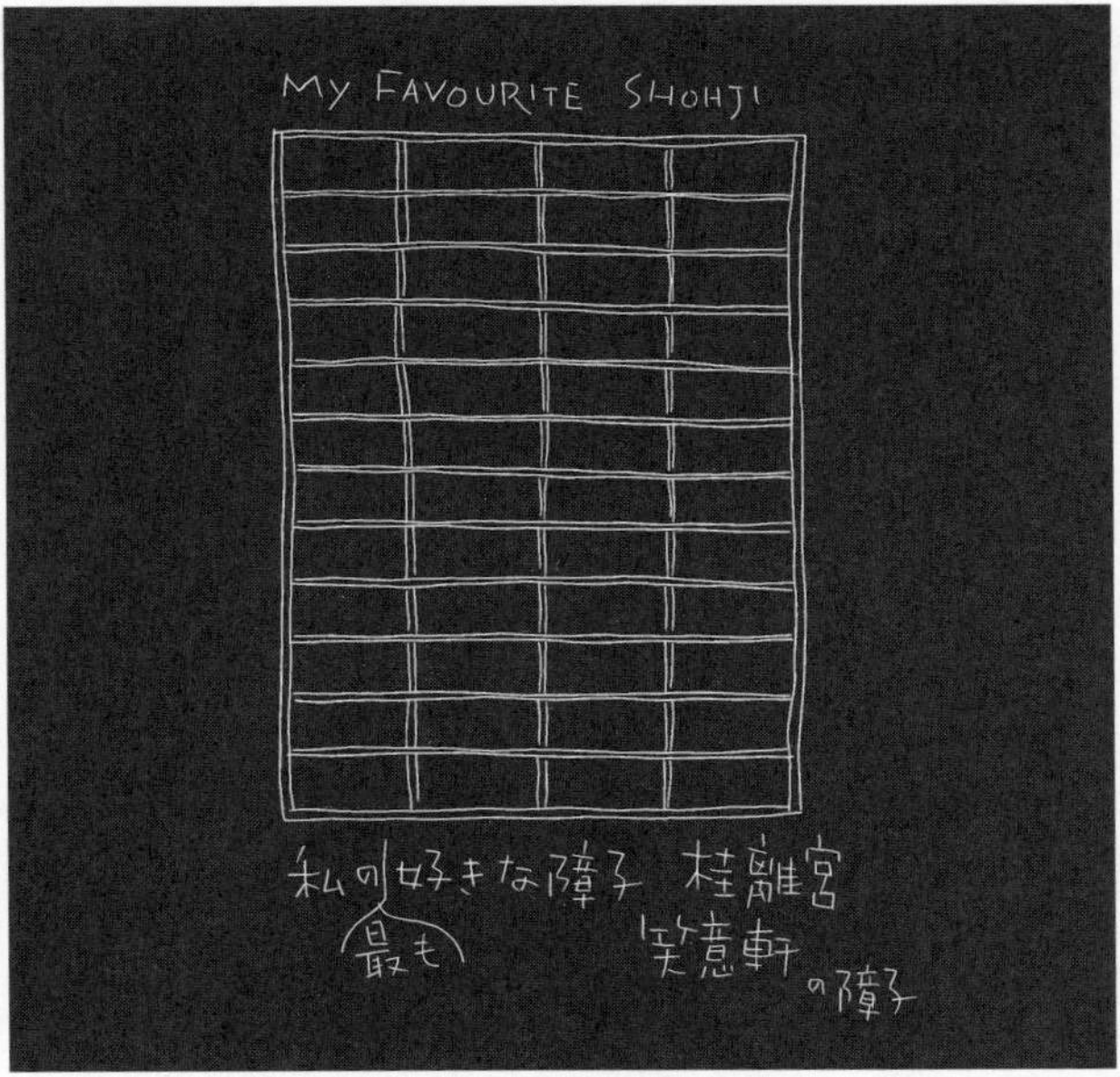

障子

最近では和紙を張った紙障子のことだけを「障子」と呼ぶが、本来は部屋を仕切ったり視線を遮ったりする障屏具《しょうびょうぐ》の総称である。しかし和紙を透過した柔らかい拡散光の印象があまりにも強く日本人の心をとらえたのだろう、いつのまにか「障子」イコール「紙障子」ということになった。洋風の住宅にカーテンの代わりに障子が使われることはもう珍しいことではなくなったが、それを最初に取り入れた建築家は吉村順三氏だそうである。吉村氏設計の住宅の室内には、いつもしっとりとした落ち着きと日本的な情感が漂っているが、それもこの「障子」の手柄によるところが大きい。

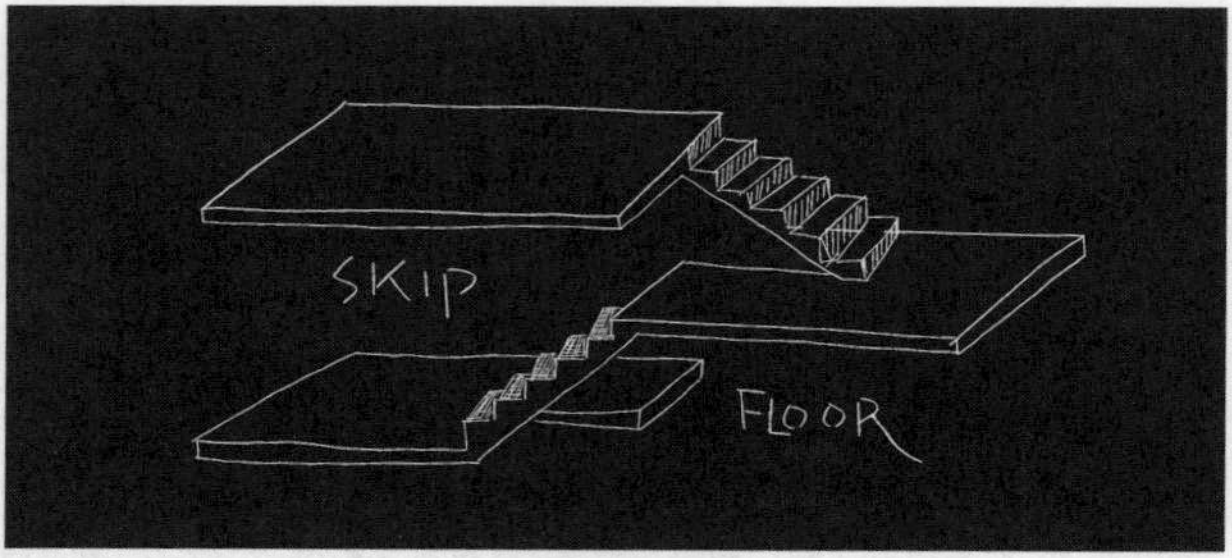

スキップフロア

ほぼ半階ずつずれていく床を設け、空間を分割しつつ流れるようにつなぐ階《フロア》の構成。踊り場のある階段（「行ッテ来イ式」などと業界用語では言う）のその踊り場の部分が十分に広く部屋にもなっていると考えればよい。スキップフロアの住宅のおもしろさは、視点が微妙に変化する楽しさと、半階ずつ上ったり下ったりするために「いつの間にか」という感じで階が変わっていることであろう。だからしょっちゅう「えーと、ここは2階だよね？」「いや、中3階ですよ」「じゃ、さっきのトイレのあった階が中2階か」「だから、あれが1階なんだよ」ということが起こる。エッシャーのだまし絵の階段を歩いていた人物は、実は自分だったような気がしてくるのはこのときである。

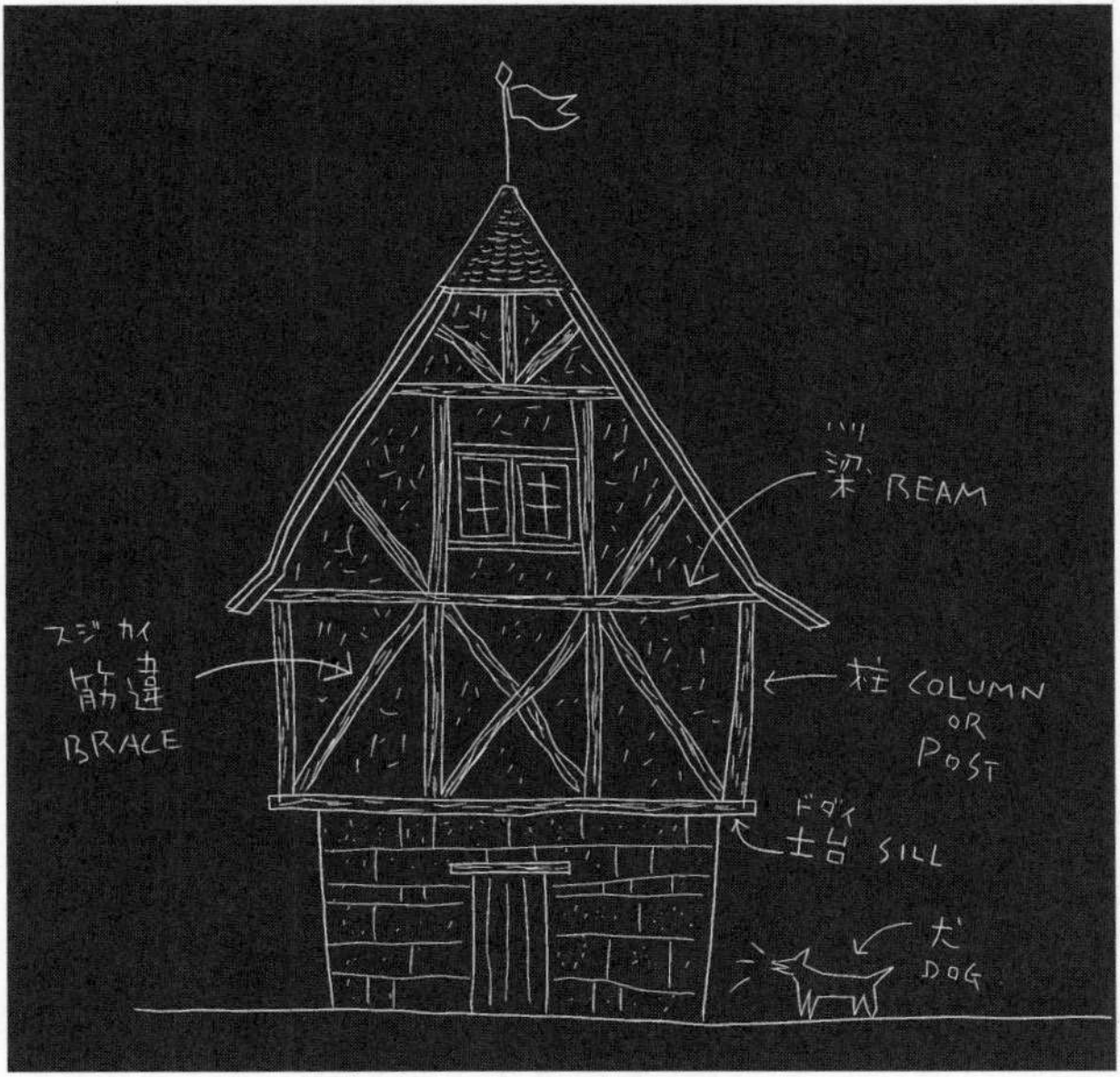

筋違《すじかい》

「筋交」とも書く。四方形に組まれた軸組が垂直方向ではなく、風や地震などの水平方向の力を受けると、ひしゃげて平行四辺形に変形する。たとえばマッチ箱の中箱を抜いて斜め上から押しつけると、ぐしゃりと菱形につぶれるが、あのことである。「筋違」は柱のように必ずしも「突っ張る」性質のものでなくてもよい、「引っ張る」力を利用してもよいのである。先ほどのマッチ箱を例に取ると、対角線にマッチの軸を入れても（つまり「突っ張る」力）、または対角線を糸でバッテンに結んでも（つまり「引っ張る」力）、変形を止めることができることで理解できるだろう。

辷《すべ》り出し窓

窓の開閉方法のひとつ。「タテすべり出し」と「ヨコすべり出し」がある。いずれも建具の片側を押し出すともう一方の側が窓枠に沿ってスライドすることで開く。開いたときに上下あるいは左右とも開くことは回転窓と同じだが、一方がスライドするために建具が内側に出てくることがなく、内部のカーテンなどとの関係も引戸と同じ条件だと考えることができる。スライド機構はホイトコと呼ばれる金物によるが、この金物の働きにより窓開けの状態で強風が吹いてもバタンと閉まることはない。もっとも開閉が少々固めになる傾向はあるが。

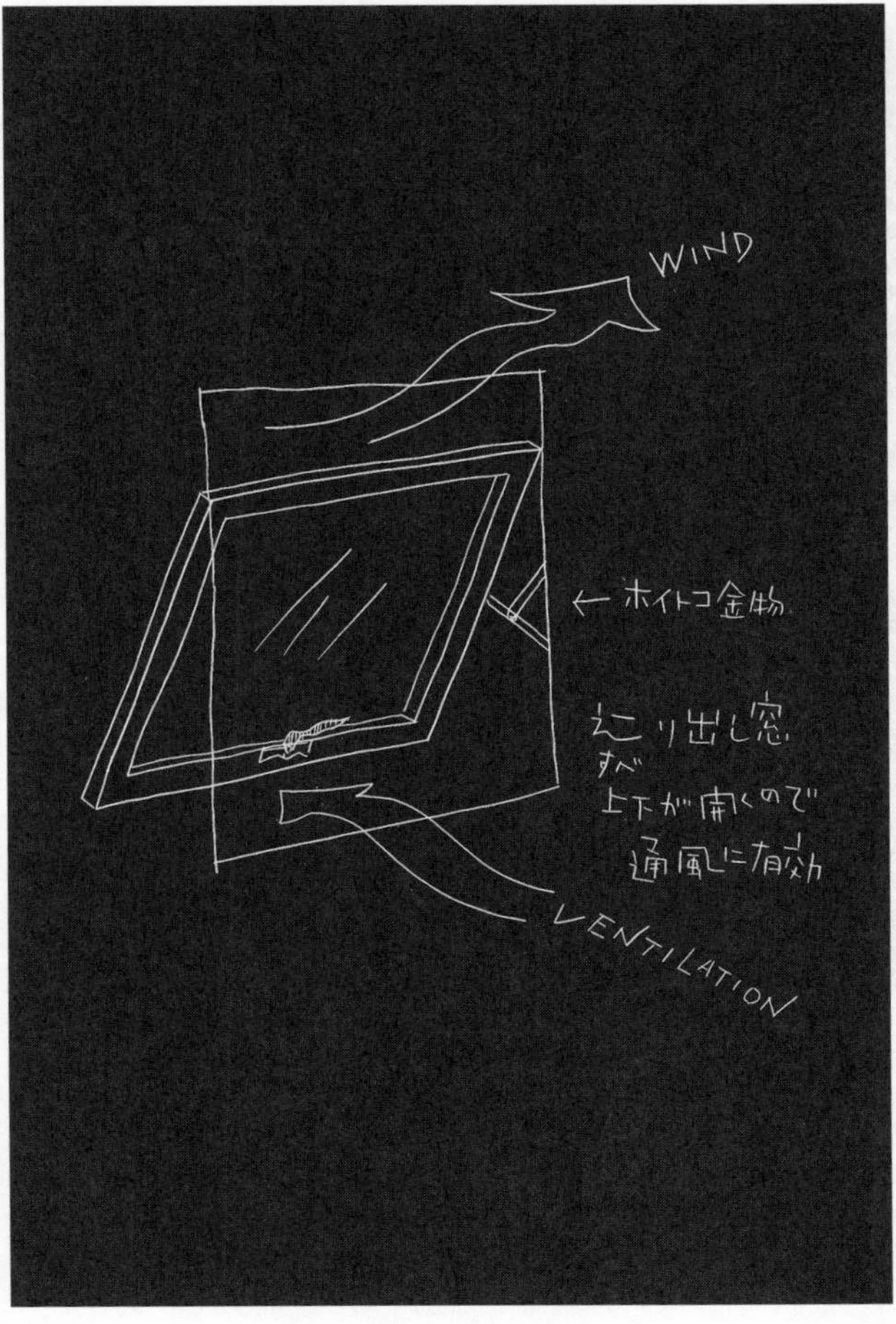
WIND
← ホイトコ金物
辷《すべ》り出し窓
上下が開くので
通風に有効
VENTILATION

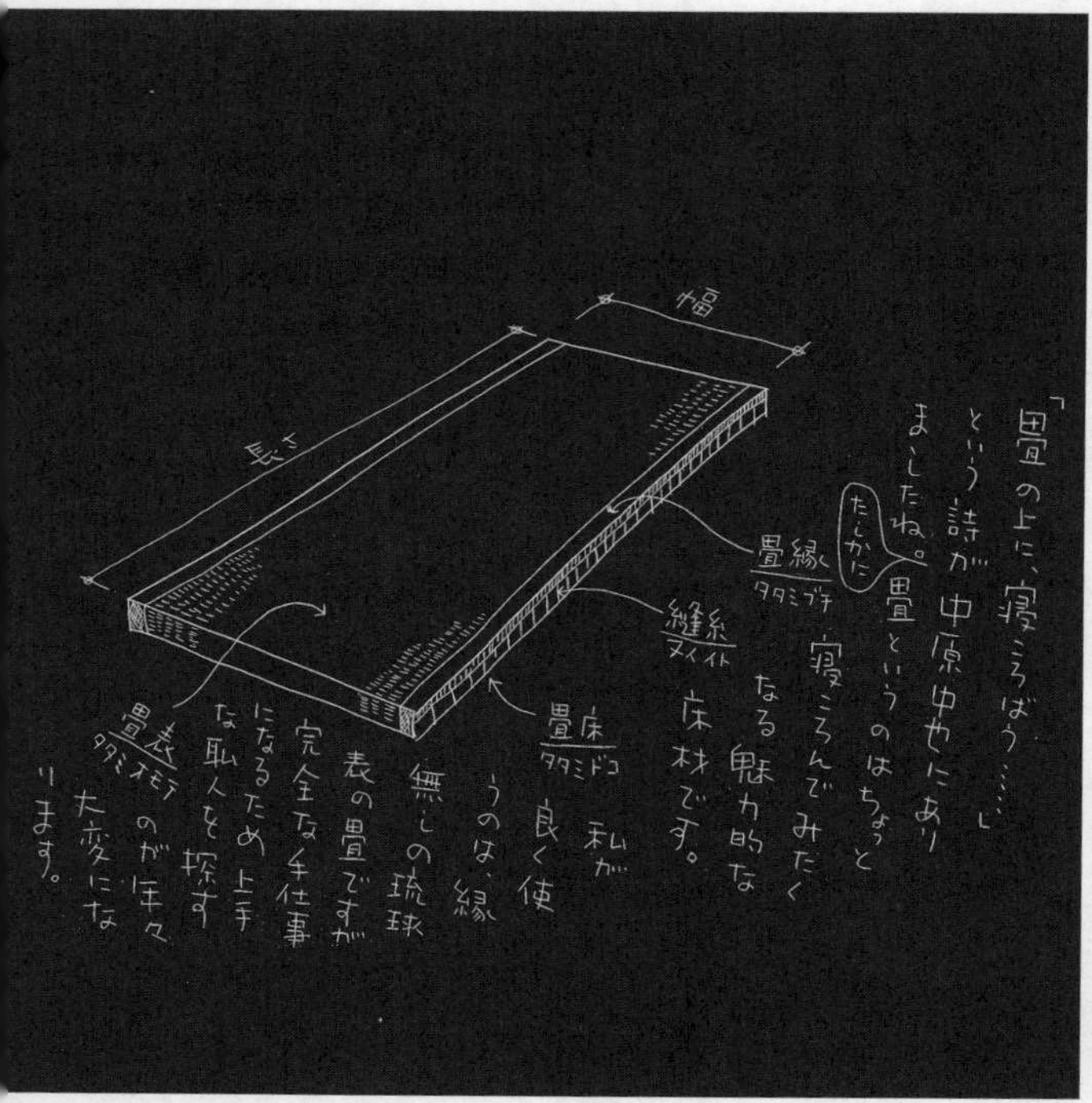
「畳の上に、寝ころぼう……」
という詩が中原中也にありましたね。
たしかに
畳というのはちょっと寝ころんでみたくなる魅力的な床材です。
私が良く使うのは、縁無しの琉球表の畳ですが完全な手仕事になるため上手な職人を探すのが年々大変になります。
幅
長さ
畳縁 タタミブチ
縫糸 ヌイイト
畳床 タタミドコ
畳表 タタミオモテ

畳

畳は藁《わら》でできた「畳床《たたみどこ》」に藺草《いぐさ》を編んでつくった「畳表《たたみおもて》」を被せ、しっかり縫い留めた大きさほぼ畳一畳分（何という解説だ！）や半畳分を床に敷き詰めて使う我が国固有の優れた床材である。断熱、遮音に優れた性能を持ち、素足で歩くときの自然素材特有の感触もまことによい。古来その下に新聞紙を敷き詰める習わしがあるが、これには、床板からの隙間風を防ぎ、適度に湿気を調節するための一種の「おまじない」とする学説と、のちのちの大掃除などのさい働きすぎを防ぐため、一服してその古新聞に読み耽り、しばし感慨に浸るためだという学説がある。

暖炉

薪や石炭を燃やして暖を取るための装置。建築の一部分として壁に埋め込んだり壁際に造り付けたりする暖炉と、独特の置き型の暖炉がある。さらに、置き型の暖炉には蓋が閉ざせるストーヴタイプと裸火だけを楽しむオープンタイプがあるが、アメリカの友人に聞くとそれら置き型は総称して《ストーヴ》と呼ぶのだそうである。暖炉の楽しみはなんといっても火と直接付き合えることだろう。紙切れから小枝へ、小枝から次第に太い薪にマッチ一本の火から育てていくことも楽しいし、しぼみかけた炎がちょっと薪の向きを変えたりすることで再び息を吹き返したように燃え出すコツを覚えるのも嬉しいものである。さて、ここで私が建築家として絶対にやりたくないものをふたつあげておく。電気のストーヴのくせに薪がチロチロと燃えているように見える暖炉のまがい物、ガスストーヴやファンヒーターを置くためのマントルピースの囲い。

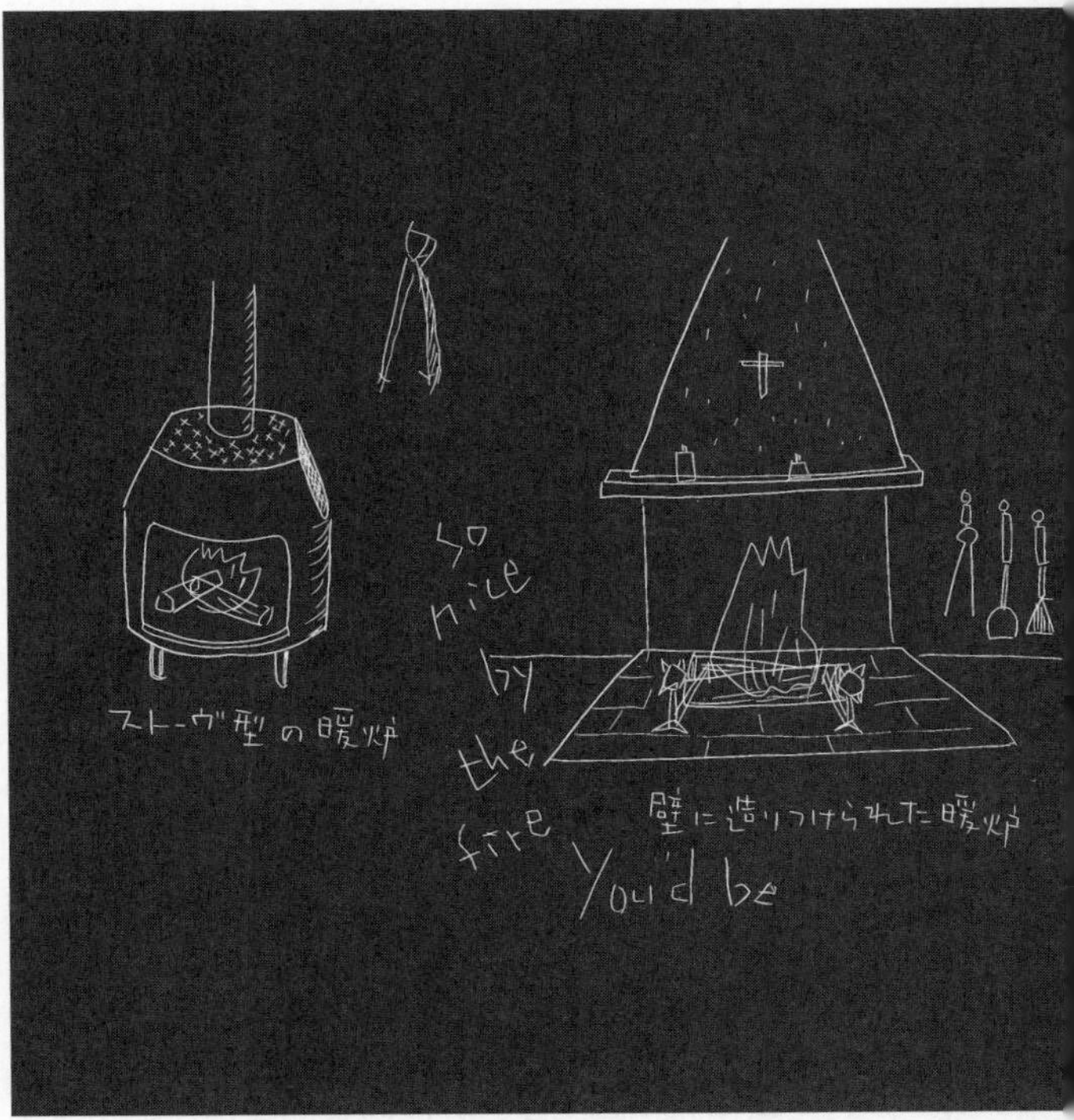
ストーヴ型の暖炉
so nice by the fire
You'd be
壁に造りつけられた暖炉

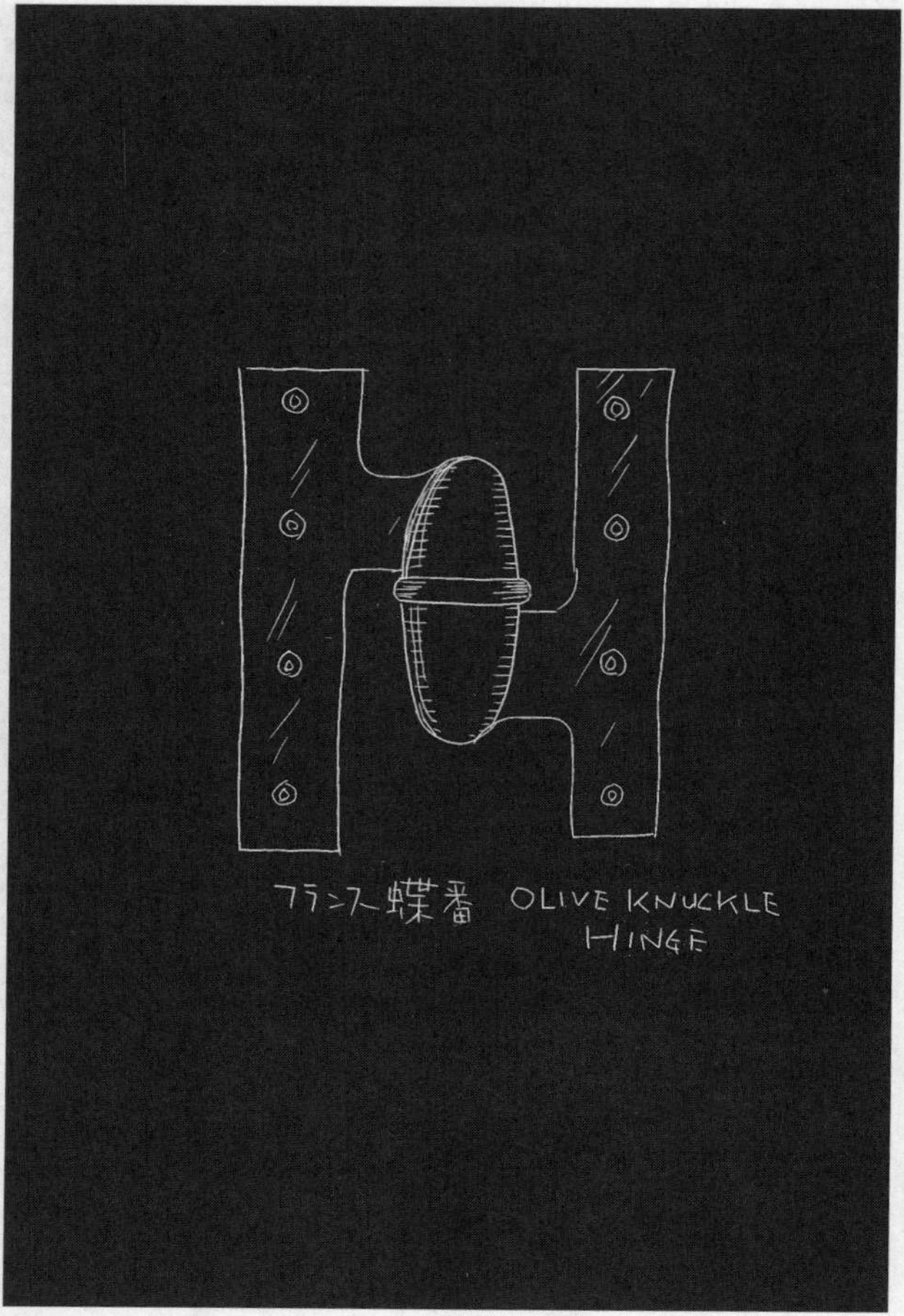
フランス蝶番
OLIVE KNUCKLE
HINGE

蝶番

この堅実一点張り、実用本位の建築金物に「蝶」の字を当てた人はエライ。「丁番」とも書くが、なんだか味気ないので私は「蝶番」と書いている。ルナールは「蝶」のことを「ふたつ折りの恋文」と洒落たことをいったが、ふたつ折りになっていてパタパタするところはやはり「蝶」のイメージである。改めていうまでもなく、ドアや開きの窓の開閉用に回転軸として使う金物である。「絵」に描いたのは中でも私がよく使う「フランス蝶番」と呼ばれるもの。その名の通り、フランス（だけでなくヨーロッパではそうなのだが）で見かける蝶番はこのタイプが圧倒的に多い。建具を閉めたときに見える軸の形がエレガントでいいし、この蝶番は抜き差し式になっているから、建具や金物の調整のときに簡単に扉ごと外せるので大変便利である。強度の点で少し問題があるが、私は真鍮製を特に好んで使っている。

ドーマー・ウィンドウ

屋根窓のこと。勾配の急な西洋建築の屋根裏部屋のために取り付けられる窓で、切妻や片流れの屋根をかけ、垂直に窓を付ける。ここでちょっと脱線させてもらいます。ジャズの関係者たちは特殊な言葉づかいをすることをご存じだろうか。一種の符丁であるが、言葉をひっくり返すのである。ジャズは「ズージャー」、バンドは「ドンバ」、マネージャーは「ジャーマネ」になる。それでは「窓」なんかはどうなるか、もちろんこれが「ドーマー」になるのである。屋根裏部屋のその「ドーマー」から、才能はあるが、今は不遇の若いジャズマン（若い頃のビル・エヴァンスのような）が練習するピアノの音が聞こえてくる。曲は「サムデイ・マイプリンス・ウィル・カム」である。どうです、あなたには聞こえませんか？

DORMER
WINDOW
屋根窓

ドーム

半円形の屋根あるいは天井。円屋根。円蓋ともいう。言葉で解説するのも野暮な気がするので、提案をひとつ。まずイタリアはフィレンツェに行っていただく。黄昏どきまたは夜明けの頃、アルノ川というのがあるからこれを渡り、ミケランジェロの丘を登る。そして、フィレンツェの街を見下ろしていただきたい。バーントシエナ（代赭色）の街並の中にゆったりと浮かび上がるサンタマリア・デル・フィオーレ（花の聖母寺）の美しいドームをじっくりと鑑賞できることだろう、それだけでドームがどんなに人を魅了するものか、また、それを創造するため人類の費やした努力がどんなに大きいものだったかということを直覚するはずである。

戸袋

雨戸などの建具を収納しておくための一種の箱。普通、建物の外側に出っ張って取り付けられる。さて、いくぶん朴訥《ぼくとつ》でモダン好みの建築家なら、できれば敬遠したいはずの戸袋を平気で付ける建築家を紹介しよう。何度も出てきて恐縮だが（なにしろ私の尊敬する師匠なのである）吉村順三氏である。軽井沢にある吉村山荘の外壁には、この戸袋がたくさん取り付けられているが、「本当に必要なものは美しい」のかもしれない。それがとてもよいアクセントになって、建物の外観に豊かな表情を与えている。

長押《なげし》

念のために建築の辞典をひいたら、「長《な》が押《お》しの略」と書いてあった。しかたなく、「長が押し」をひいたら「長押のこと」と書いてある。これだから辞典は困る。まるで役所の受付ではないか。やけになって「たらい回し」というのをひいてみたら「役所の受付のこと、または辞典の意」と書いてあった。閑話休題。「長押」というのはどうやら長いもので押し付けるものらしい。柱なんかも長い板で押し付けて連結固定すればしっかりする、というほどの意味であろう。いわば構造材の一種であったが、のちにはそれが形骸化し、化粧材となった。家庭によっては、先祖の写真額の下部を支持する横木になっている例も数多く見られる。

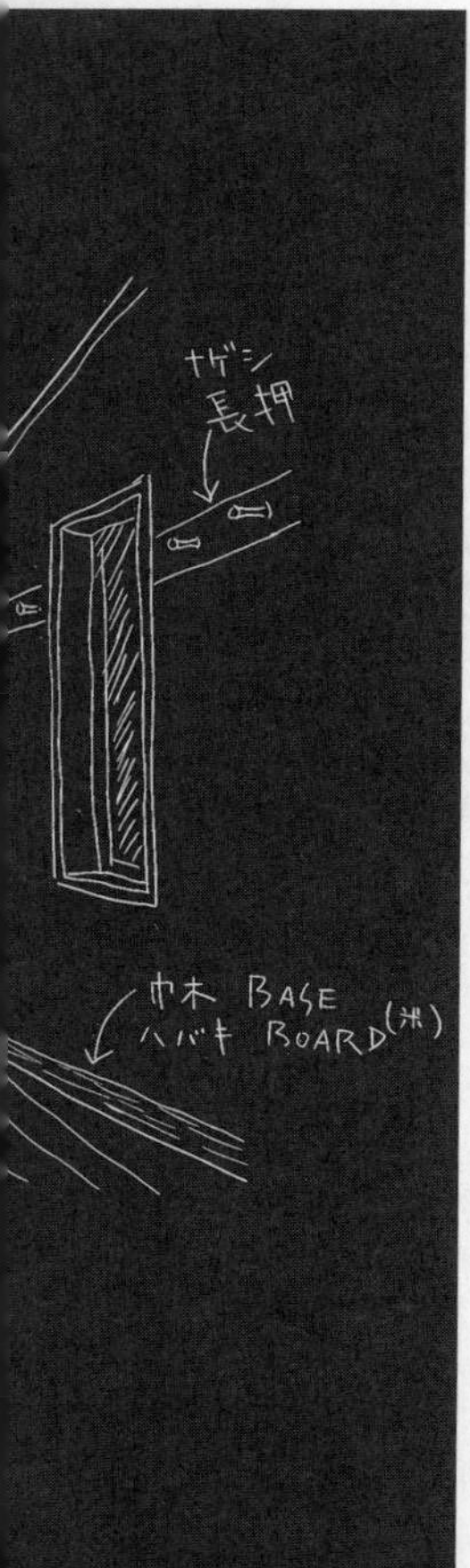

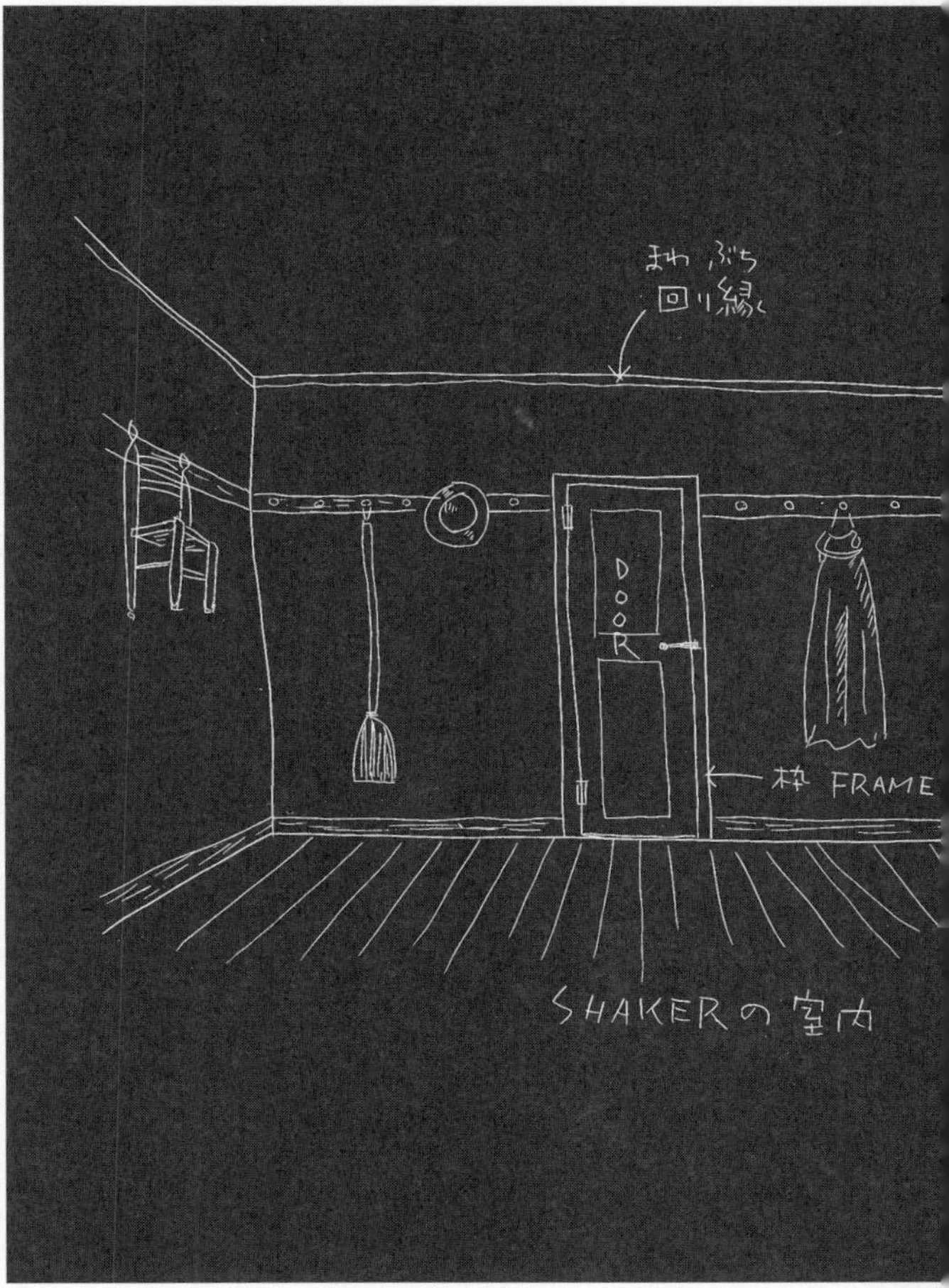
回り縁《まわぶち》
DOOR
枠 FRAME
SHAKERの室内

ニッチ

壁の一部を凹型にへこませて設けた棚、壁龕《へきがん》。建物の内部や、ときには外部にもつくられ、大事なものを飾って置く場所になる。外国の古い街角で建物外部の「ニッチ」に、しばしばキリスト像や聖母子像などが祭られているのを見かけることがある。辻地蔵的な役割をしているらしい。このようにニッチというものはなかなか魅力のあるしつらえの装置だが、壁に厚さがあって初めてできるもの。壁厚がせいぜい一五センチ程度の木造では本格的なニッチは望めません。

NICHE

パーゴラ

念のために『建築大辞典』というのをひいてみたら、イタリア語の葡萄棚からきた言葉であることがわかった。思わず、「なーるほど」とつぶやいて膝を打ってしまった。これだから優れた辞典は手放せないのである。こちらの蒙《もう》を啓《ひら》いて間然するところがない。いつだったか、パーゴラの下でその土地でできたという葡萄酒を呑んでいてばかに美味しかったので、これはきっとパーゴラと葡萄酒との間には過去にただならぬ関係があったに違いないと睨《にら》んでいたのである。積年の謎が解けて本当にすっきりした。

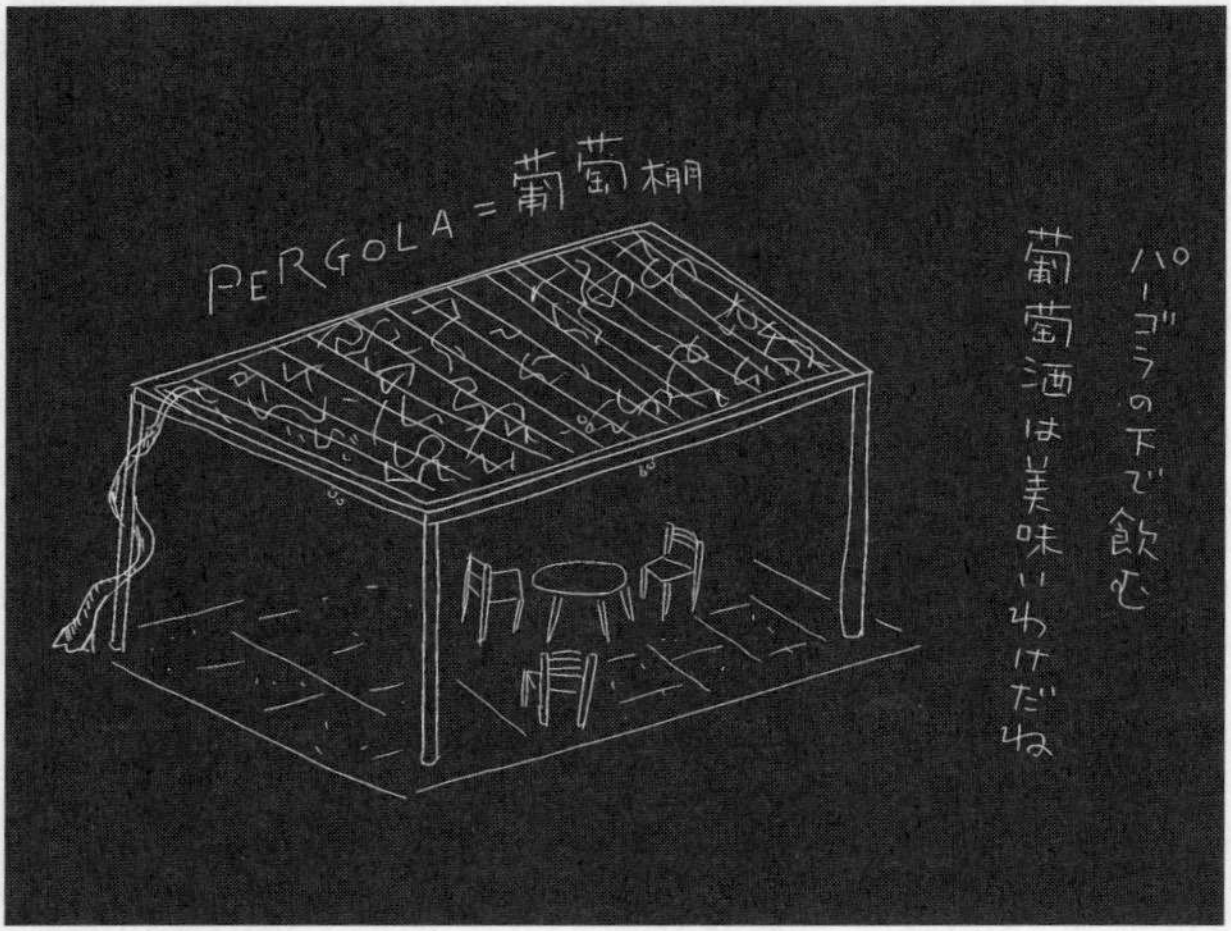
PERGOLA = 葡萄棚
パーゴラの下で飲む
葡萄酒は美味いわけだね

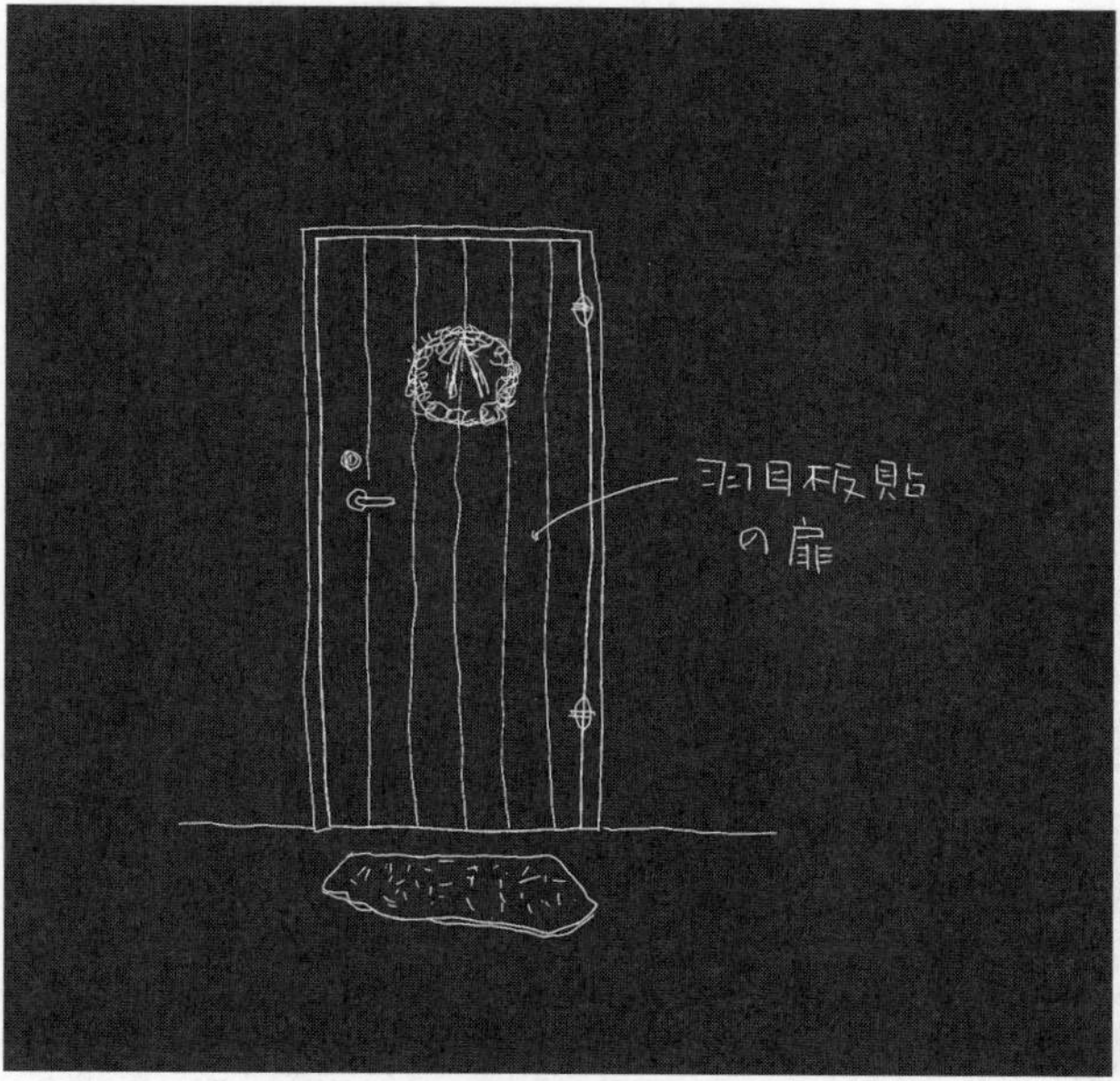

羽目板戸

羽目板を貼ったドア。板は縦に貼ったり横に貼ったりする。制作上の注意点あるいは勘所《かんどころ》を述べれば、扉そのものの反りを止めるため、内部も外部と同じ材料で同じ貼り方にしておくこと、また羽目の材料を挽板《ひきいた》にし、厚くてもせいぜい九ミリくらいまでにしておくこと、素性のよい材料を用いることなど。無垢の板は日が当たったり雨が当たったりなどの湿度の変化に対して信じられないくらい動くからである。

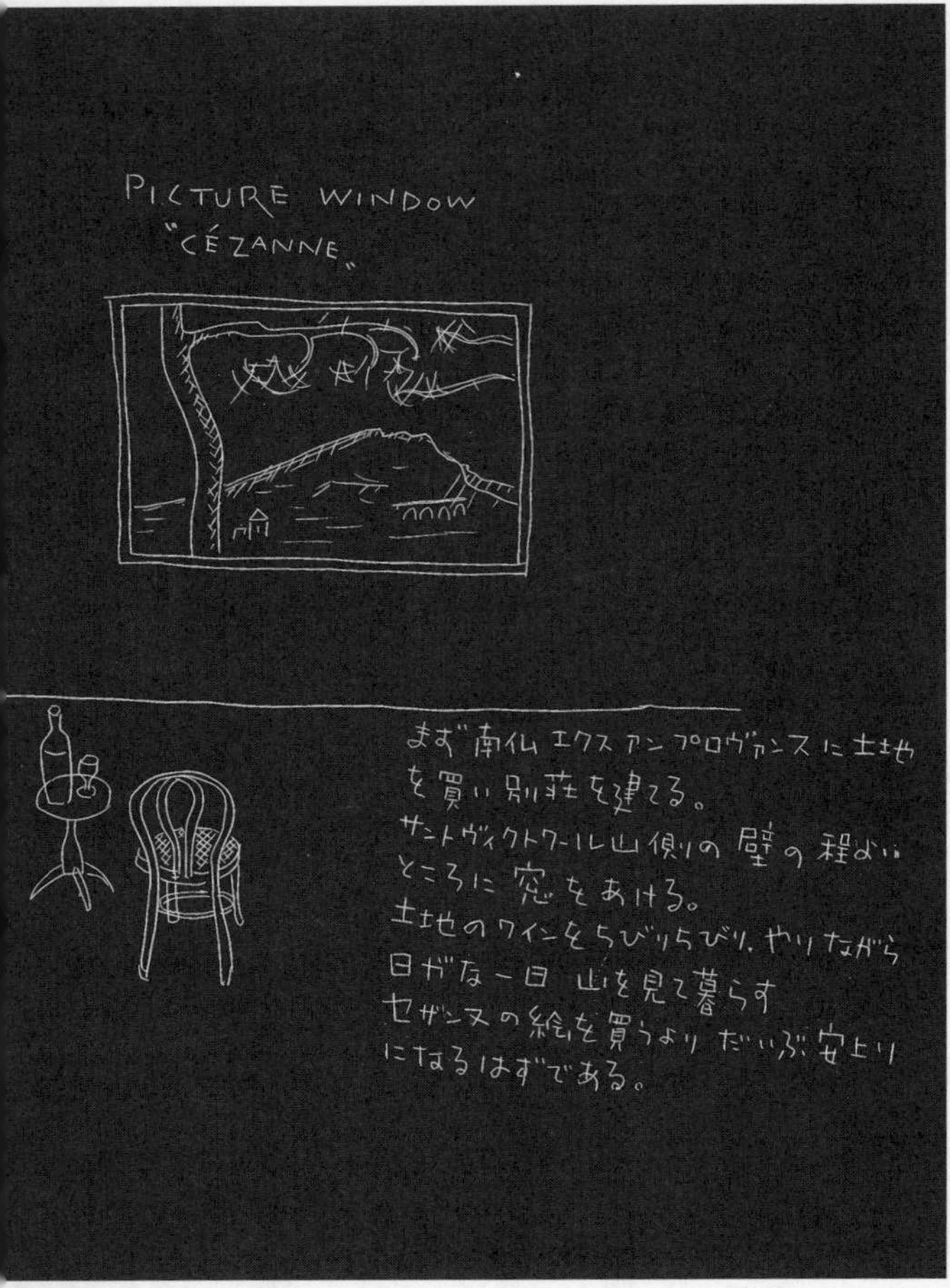
PICTURE WINDOW
"CÉZANNE"
まず南仏エクスアンプロヴァンスに土地
を買い別荘を建てる。
サントヴィクトワール山側の壁の程よい
ところに窓をあける。
土地のワインをちびりちびりやりながら
日がな一日 山を見て暮らす
セザンヌの絵を買うよりだいぶ安上り
になるはずである。

ピクチャー・ウィンドゥ

外部の眺めを絵のように鑑賞するためにつくられた窓。風景は時としてトリミングして見たほうが味わい深いことがあるものだが、そのトリミングの枠が窓枠である場合「ピクチャー・ウィンドゥ」と呼ぶ。別荘などで周囲に山や海などちょっといい景色がある場合、私もよくこの「ピクチャー・ウィンドゥ」をつける。もっとも、日本では電柱や看板や醜悪な建物が見えない風景はほとんど望めないから、それを切り捨てるための窓枠になることが多い。ここでちょっとアンドリュー・ワイエスの絵を思い出していただきたい。彼の絵の中には窓枠で切り取られた風景が執拗に描かれていることにお気付きだろうか。《海からの風》という絵では「外の世界」から「自分の心の中」へ「風」という使者が吹き込まれる。ここでは、窓枠は画家の心象風景を切り取る額縁なのである。

ピロティ

フランス語で杭《くい》のこと。建築を支える柱も一種の杭であることから、地面に接する階に柱が立ち並び、吹き放しになった空間をこう呼ぶ。近代建築の旗頭《はたがしら》ル・コルビュジエが提唱し、世界中を座巻するほどのイデー（観念・理念）となった。細い柱だけで軽やかに空中に浮かび上がった建築が、重苦しい石造りに見飽きた西欧の人々の目にどれほど新鮮に映ったことだろう。

正倉院や桂離宮という「ピロティ」の原型ともいうべき建築的遺産を持っている我々は、「なに、こんなものはね……」とか「そういえば、だいぶ昔からそんなものもやってたなぁ」とか涼しい顔で言ってやれたはずだが、事大思想の悲しさか、そのル・コルビュジエの亜流が日本中に次々に建てられたのだった。

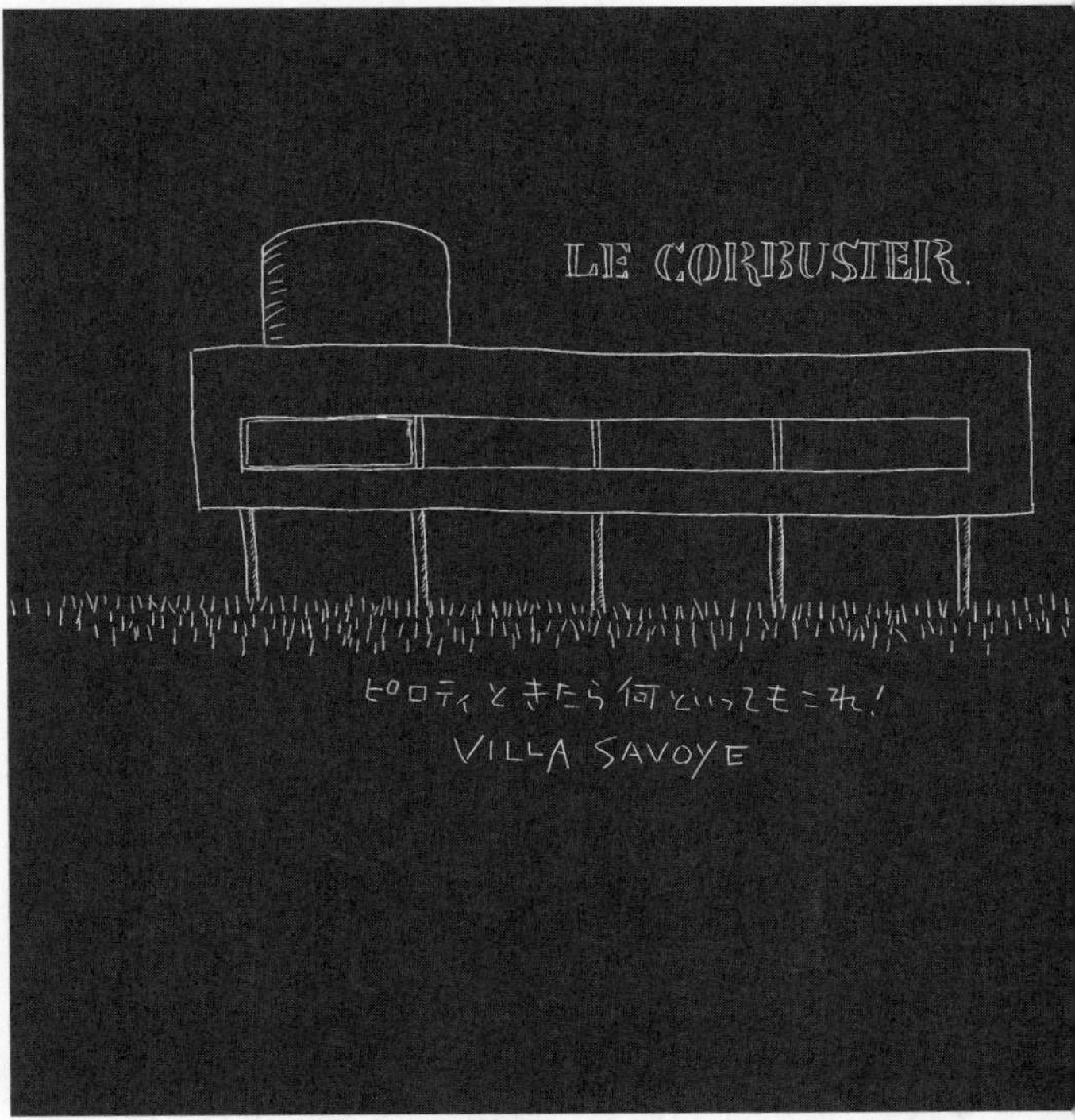
LE CORBUSIER.
ピロティときたら何といってもこれ!
VILLA SAVOYE

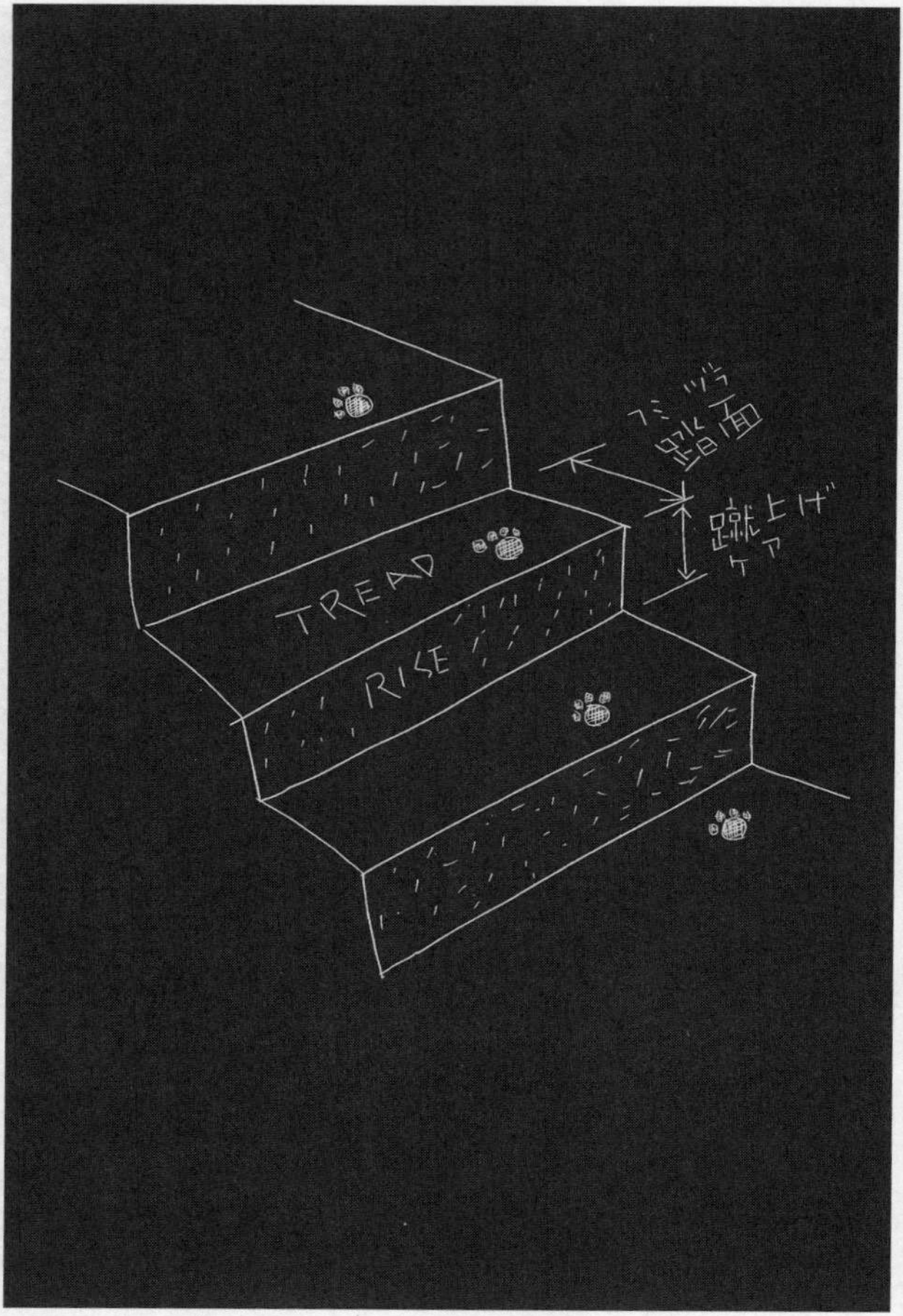
踏面《フミヅラ》
蹴《ケ》上《ア》げ
TREAD
RISE

踏面《ふみづら》と蹴上《けあ》げ

蹴上げは階段の一段の高さ、踏面は足を載せる段板の上面のこと。階段の昇り降りのしやすさは、この蹴上げと踏面の寸法の比例関係で決まる。ごく大ざっぱにいえば、緩い階段にしたいときは、踏面の奥行を大きくして蹴上げ寸法を小さくし、逆に踏面の奥行があまり取れないときは、蹴上げを大きくする（つまりはしご段になるわけである）。住宅設計のうまさにかけては定評のある吉村順三氏はもちろん階段もお得意だが、蹴上げ寸法と踏面寸法を「足して一尺五寸（約四五センチ）を基本にしている」そうである。つまり踏面が二六センチなら蹴上げは一九センチ、はしご段のように踏面が一五センチくらいしか取れないときは、蹴上げは三〇センチほどにしておくと昇りやすいというのである。

棟木《むねぎ》・桁《けた》・束《つか》・母屋《もや》・柱・梁《はり》

木造建築の構造をつかさどる部材の名称。建前のことを「棟上《むねあげ》」というが、棟木がいちばん上に上がって固定されることをいう。木造在来工法は柱や梁のジョイント部分（これを仕口《しぐち》と呼ぶ）の加工のすべてを建築現場とは別の場所でやり、ある日それを現場に持ち込んでいっきに組み上げるのである。長い時間かけてしてきた加工に間違いがなく、短い柱や長すぎる梁がありはしないか、しくじったら満座の中で大恥をかく。大工の棟梁は内心びくびくもので土台から柱へ、柱から梁へと組み上げていく。そして首尾上々に納まったことが確認できるのが最後に棟木が組み上がったときである。これはもうドラマだ。棟梁の安堵と満足の入り交じった吐息が聞こえるようではないか。上棟の酒宴では彼らの労をねぎらいつつ、愉快に呑みたいものである。

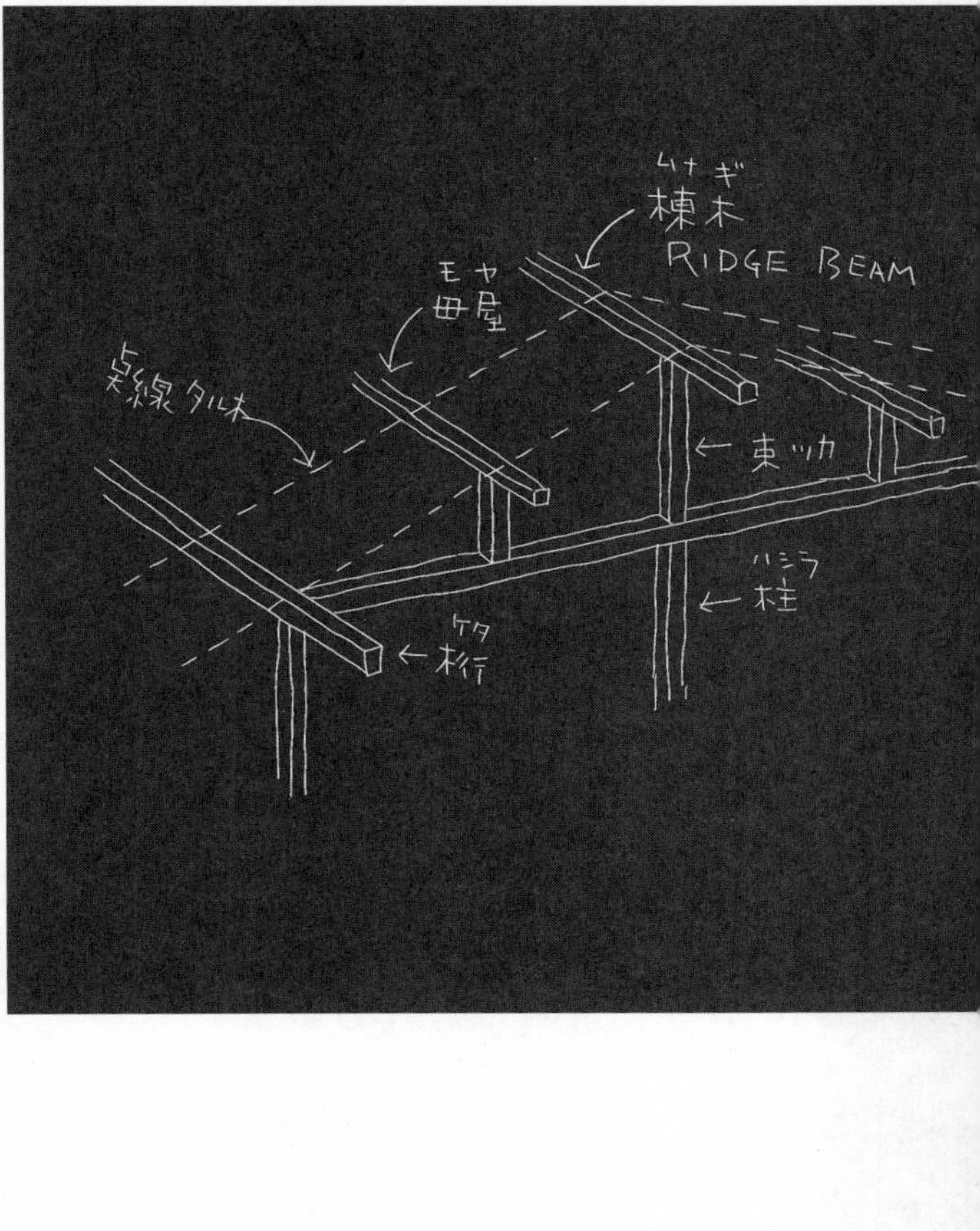
棟木《ムナギ》
RIDGE BEAM
母屋《モヤ》
点線タルキ
← 束ツカ
← 柱《ハシラ》
← 桁《ケタ》

ラウンジ・ピット

居間の床の一部を掘り下げ、その中で人がくつろげるようにしたつくり。広い掘り炬燵のやぐらを取り去って下に座っている状態のようなもの。室内で靴を脱ぐ日本の住生活では、床に座ったりそのままゴロリと横になったりすることはごくあたり前だが、靴のままで暮らす外国では床との親和感を醸し出すこの新工夫は画期的なことだったろう。私の知っているその成功例はニューヨーク、ケネディ空港のTWAビルの中にある。直線をひとつも使っていない彫刻的な形態で有名なこのターミナルビルの基本色は雪のような白、その白い空間に深紅のマフラーを埋め込んだように「ラウンジ・ピット」が切り込んである。フィンランドからアメリカに移住した建築家エーロ・サーリネンの作品である。

LOUNGE PIT
LOVER'S PIT

新井薬師の住宅　1999

「新井薬師の住宅」は、中野区でも比較的住宅の密集している地域にある三世帯住宅で、この地に住み継がれてきた家の建て替えである。密集地の中ではあるが、幸い南西の角地にある敷地はゆったりとしており、高齢の母と独身の兄、そして弟夫婦の三世帯が、つかず離れず、それぞれ独立して住まうことのできる十分な広さをもっていた。

そして、それだけではなく三世帯の共有の図書室であり、オーディオルームであり、家族が集まる居間でもある別棟も計画に組み入れることができた。

つまり「母親棟」「兄棟」「弟棟」「家族棟」の四棟によってこのコートハウスは形成されることになったのである。

住み手のNさん一家との設計の打合せの中で、「やはり四棟の建物が必要になるようですね」という話の進み行きになったとき、私は、思わず手のひらを揩り合わせ、上目使いでシメシメの仕草をしそうになった。

というのは、私にはコートハウスに対する永年にわたる妄執《もうしゅう》があり、旅先でも中庭を囲む建物や集落などを見学するたびに、機会があればいつかは自分でもそれを設計してみたいという想いを抱き続けていたからである。

四つの棟の組合せとその配置は、将来起こるかもしれない敷地分割をあらかじめ想定しておき、各棟にヴォリュームを与えたうえで日照通風、道路との関係などを考えているうちにごく自然に決まってきた。

「母親棟」を中央に据え、左右を「兄棟」と「弟棟」で挟むという配置計画には、Nさん一家がはじめて事務所に訪ねてこられたときの私の印象（仲のよい兄弟が母親を両側からエスコートしている様子はなかなか「いい感じ」でした）も投影されている。「家族棟」はRC造とし、「母親棟」と「弟棟」への日照を考えて地中に半分沈めた。敷地は、広めとはいえ広大ではないのだから、コートハウスとして成立させるためのそうした配慮と工夫が設計の決め手となる。また、中庭を挟んで行き交う各棟からの視線の交差を、やんわりそらしておく手だてを考えておくことも、この住宅の設計上の要点だった。

私の採った方法は、向かい合わせの建物のフロアが同一平面にならないようにわずかずつレベルを変化させたうえで（建物全体では八つの異なったレベルがある）、その異なったレベルの平面が中庭を挟んで時計回りにゆるやかに渦巻きながら家族棟に向かって流れ込むようにすることだった。

家族棟

建物が半分地中に埋まることと、大音量で音楽を聴くオーディオルームであること、本とレコードを保管する場所であることなどから、ＲＣ造とした。地形に合わせた台形のプランが幸いしたのか音響効果はすこぶるよい。建物の東の一角には来客用の寝室にもなり得る（実際には昼寝に最適な隠れ家のようである）四畳半の小部屋がついている。小さな光庭にある螺旋階段で、中庭を見下ろす屋上テラスに出られる。

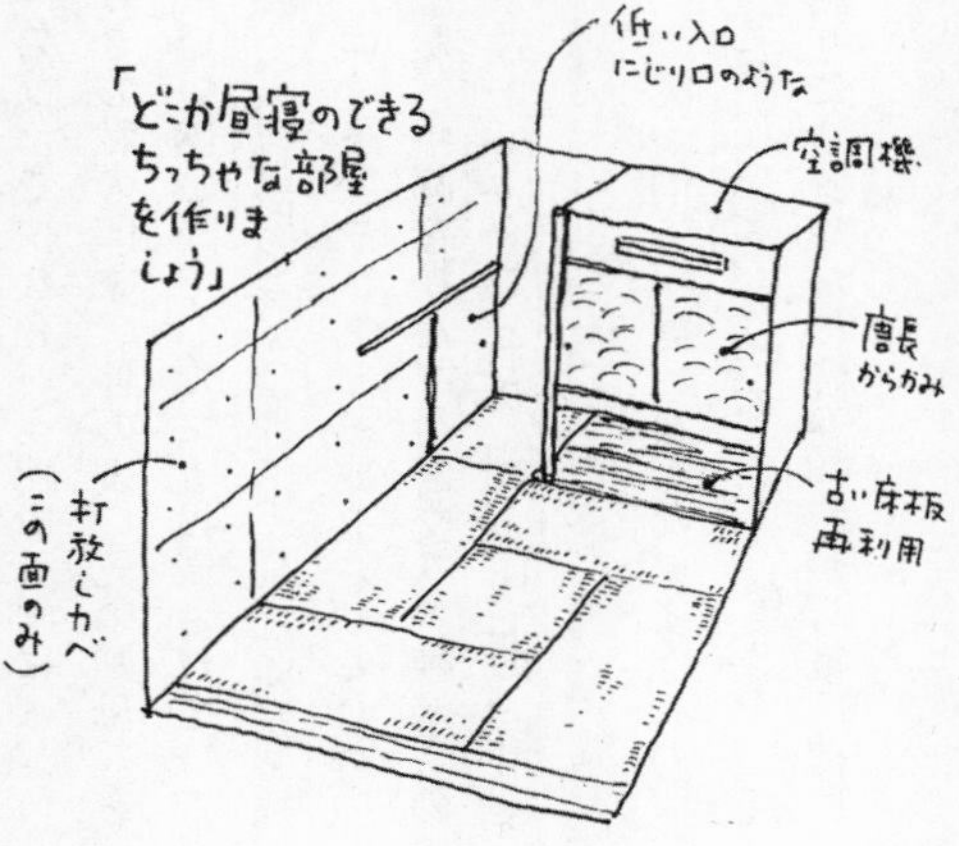

弟棟

この三世帯住宅の普請にあたって、建築家選びから、資金計画、細部にわたる設計打合せの調整にいたるまで、面倒な実務を一手にこなした几帳面な弟夫妻のための住宅。住まいに対する確固たるイメージと意見をおもちのうえ、要望は明快、聞き分けもよく（失礼！）、クライアントの「優等生」のようなご夫婦だった。食堂から一段下がった暖炉のある居間から中庭とそれを囲む建物を眺めると、床面が渦巻状に下降してくるこのコートハウスのレベル構成がよくわかる。

兄棟

片流れ屋根の下におさめられたスキップフロアの住宅。居間の下にガレージを設け、ほかの棟に対する日陰の影響を考慮した結果生まれた断面であり屋根の形である。中庭から一・四メートルほど浮いた居間からは、オーディオルームのある「家族棟」に直接下りていける（ジャズなどの音楽鑑賞が兄の趣味である）。建物と道路際のわずかな隙間に施した花の咲く木や灌木《かんぼく》の植栽は、通学道路を通る女学生へのささやかな歳時記のプレゼント。

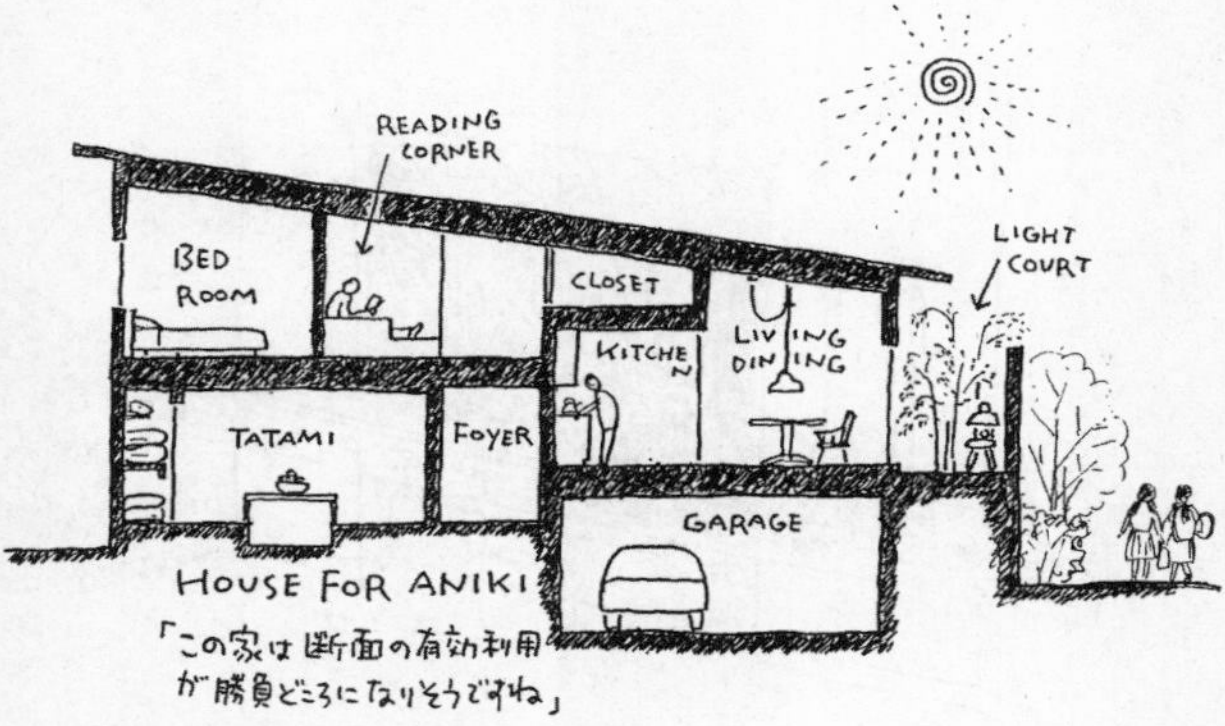

母親棟

ご高齢の母親がひとり暮らしするためのコンパクトな住まい。南・西どちらの道路からも奥まった落ち着いた場所にあり、主要な開口が南面して十分な日照と通風が得られることなどが条件だった。バリアフリーのたっぷりした広さをもつバス・トイレや、最小限の台所などの水回りに高齢者向けのきめ細かな配慮をしつつ、家全体には縁側の日溜まりのようなのどかな雰囲気を漂わせたいと考えた。

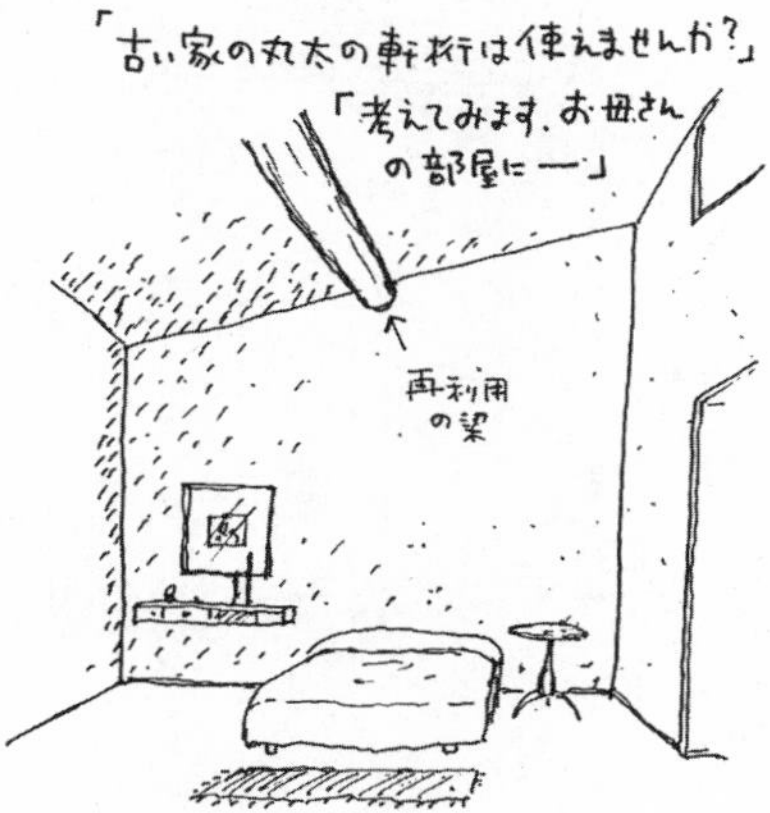
「古い家の丸太の軒桁は使えませんか?」
「考えてみます。お母さんの部屋に——」
再利用の梁

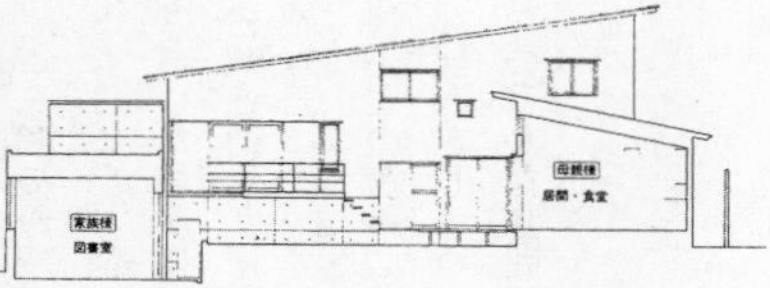
家族棟
図書室
母親棟
居間・食堂

南北断面

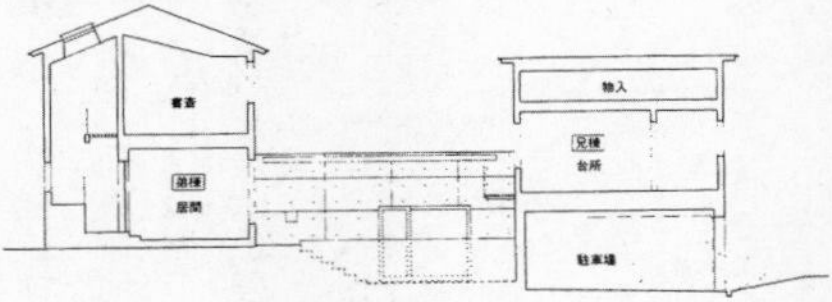
書斎
弟棟
居間
兄棟
台所
駐車場

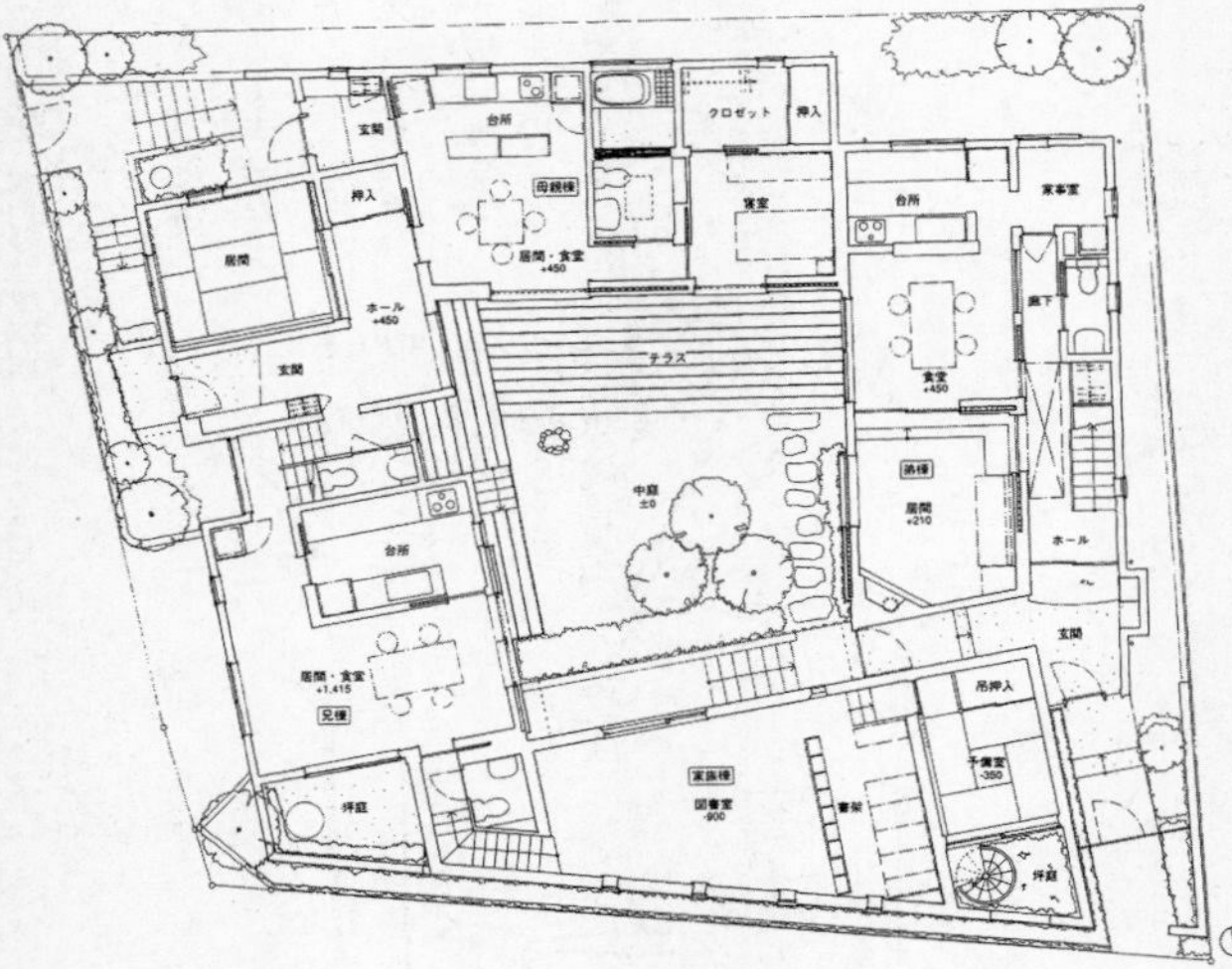
玄関
台所
クロゼット
押入
母親棟
寝室
台所
家事室
押入
居間
居間・食堂
+450
ホール
+450
廊下
テラス
食堂
+450
玄関
中庭
±0
弟棟
居間
+210
ホール
台所
玄関
居間・食堂
+1,415
兄棟
吊押入
子供室
-350
家族棟
図書室
-900
書架
坪庭
坪庭

上総の家　1992

ふたつの家

今まで私が住宅設計で一番楽をしてきたのは「配置計画」だったと思う。「建物を敷地境界線にどれだけ寄せることができるか」から設計がスタートする住宅に、もとより「配置計画」などという上等な言葉は必要ない。

「配置」は努力も苦労もなくごく自然に「そこにしか入らないという場所」に決まるのが常だった。ところが今回はそう簡単にはいかない。敷地には十分な余裕があって決め手がないし、なによりも二軒の住宅の好ましい関係をつくり出す配置計画を考えねばならない。

風景の中にふたつの建物を配置する方法は幾通りもあるだろうが、「正しい配置」となると難しいものである。相互の生活に支障のない程度に視線を外しておかなければならないし、北側（つまりうしろ）の住人が、南側（つまり前）の家の背面ばかり見るようではいかにも味気ない。

つまりこの場合、並列はないわけである。だからといって、二軒の関係がプンとそっぽを向き合うような印象は好ましくなく、できれば風景の中でふたつの家が親密に、そして静かに対話しているようでありたい。

ケンタッキー州、プレザントヒルにあるシェーカー村の中の二つの小屋。左は給水小屋、右は風呂小屋。

霧の中の手探りに似た作業の中から「シェーカーのふたつの小屋」の記憶が浮かび上がり、真っ白な配置図に最初のきっかけになる矩形が描かれた。

風景

房総半島の東端、海岸から二キロほど内陸の水田と梨畑に囲まれた穏やかな風景がこのふたつの住宅の敷地である。ここを訪れた最初の日、当の敷地は背後を杉の木立に守られ、冬の午後の暖かな日だまりになっていた。嬉しいことに、ときどき私にはこういうのんびりした敷地からお座敷がかかる。

東京駅からほんの一時間半で、いきな

のどかな風景の中で対話するように配置された大小ふたつの住宅。

り周囲に家のない田圃のあぜ道に立ちつくしている自分を発見するのは楽しい。しかし、同時にその風景を自分の設計する建物ごときで壊すわけにはいかないという思いもわき上がってくる。

かつて「三谷さんの家」という住宅を発表したとき、「畑で働くおばさんたちとも、ひとつの風景の中でしっくりなじんでくれる簡素な建物を心がけた」と書いたが、今度もまたそれが大方針になった。

「ふたつの家は同じ素材でつくってね」

「デザイン臭のない家らしい家の風情を大切にしてね」

と吹きくる風が私の耳元につぶやくのだった。

切妻と片流れ

前述の「風のつぶやき」に耳を貸して、ふたつの建物は外壁と屋根を同一の素材で仕上げている。アノニマスの集落がそうであるように、複数の建築を素材によって統一しておくことは、風景にある種の落ち着いた印象をもたらすように思えたからである。一方、家の形態はそれぞれにはっきりした個性が感じられるようにした。長方形平面の「上総の家1」には切妻屋根、正方形の「上総の家2」には片流れの屋根をかけ、ふたつの形態を対置させている。

一枚の壁

建物の「壁」がなにかの理由で一枚だけ残っている状態を見かけることがある。たいていの場合、他の壁が崩れ落ちて、たまたまその「壁」だけが残ったものが多いようだが、シエナ大聖堂の増築の「壁」のように建設途中で工事が中断され、はからずもそのような状態になることもある。いずれにしても、この自立した「一枚の壁」というものは、なぜか私の建築心《ごころ》を魅了してやまない。そしてその「壁」に、もし窓や

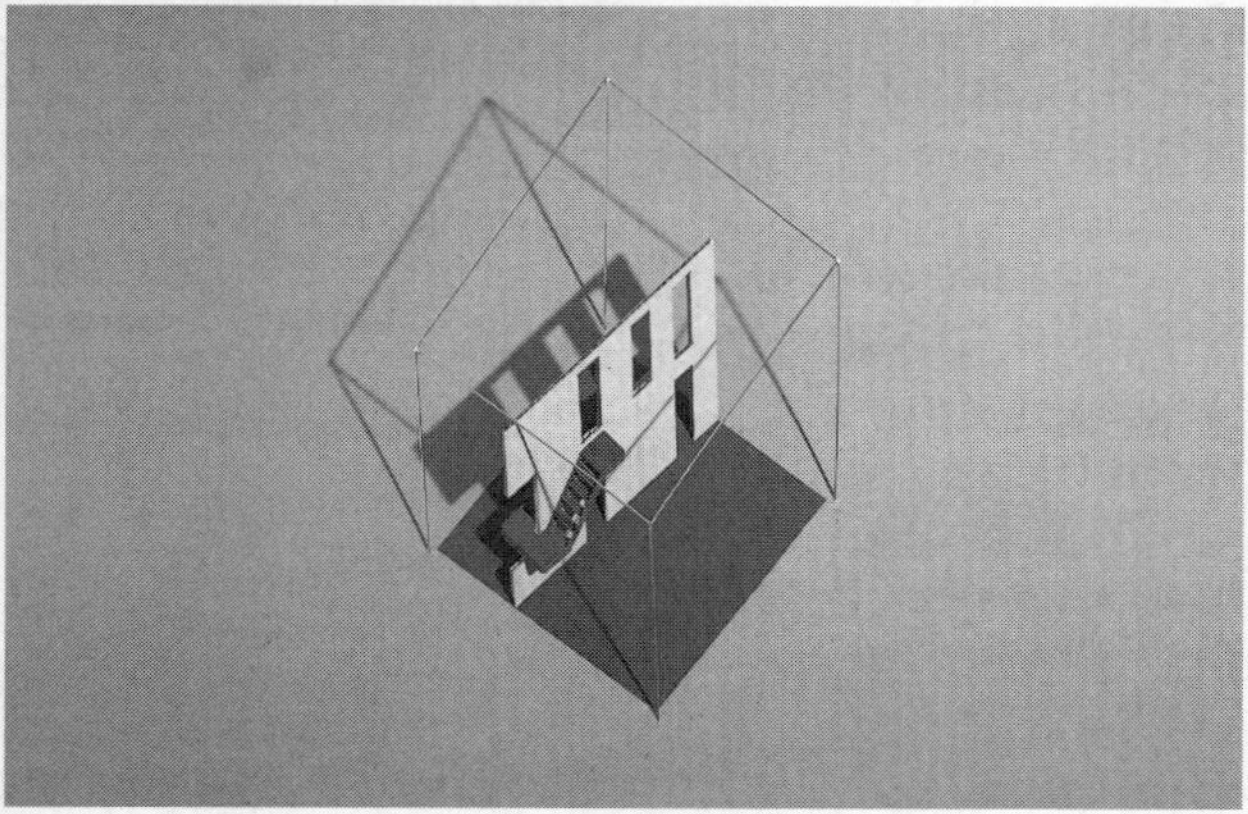

上・シエナ大聖堂。工事が中断されたままで残る 1 枚の壁。
下・「上総の家 2」 正方形平面に立ち上がる 1 枚の壁。

「上総の家 2」の室内　壁に穿たれた穴を行ったり来たりすることで住宅のプランが出来上がる。

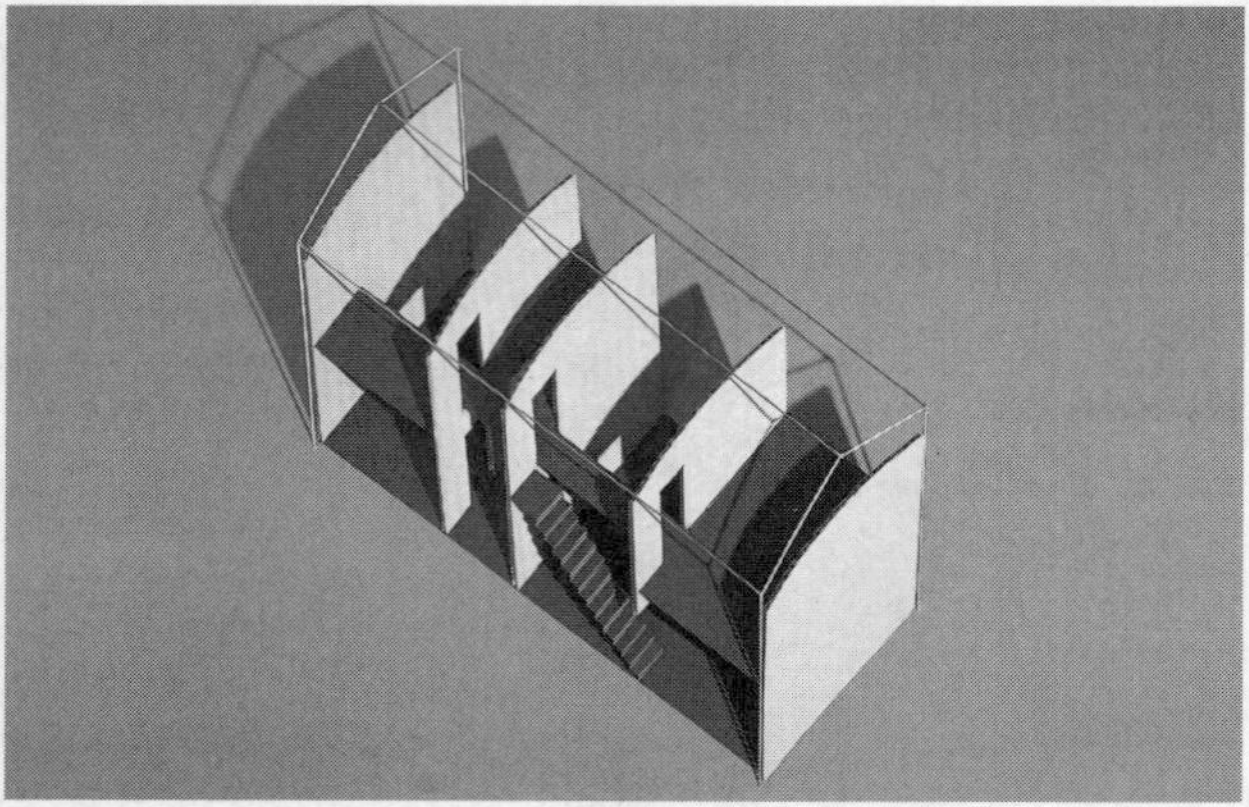

「上総の家１」　５枚の壁とエンドレスの動線を生むふたつの階段。

出入口の開口の穴が残っていたりしたら、私の機嫌はさらによくなるのである。「上総の家２」で正方形の平面に、はすかいに立てられたシナ合板の壁はそのような「一枚の壁」に対する私の思い入れの産物である。この家では「壁」は手品師のハンカチの役目をしている。ハンカチが翻《ひるがえ》るたびに、つまりこの「壁」をくぐり抜けるたびに、人は新しい部屋に、様相の違う空間に、思わぬ視界に、小さな驚きに、納得のつぶやきに、次々と出会うことになる仕掛けである。「一枚の壁」に翻弄された住人や訪問者は、憎めない悪戯にひっかかったような愉快な気分を味わうことだろう。

「上総の家 1」 吹き抜けよりアトリエを見下ろす。

並んだ壁

「上総の家1」は、並んだ五枚の壁とそれを貫く廊下と階段で構成されている。それぞれの「壁」の間には上下階の寝室、吹抜けのある居間と食堂、台所と洗面浴室の積み重ね、もうひとつ吹抜けをもったアトリエの四種類の空間がサンドイッチされている。

　構成としてはそういうことになるわけだが、ここではそのことをあまり強く感じさせないようにもしてある。空間が水平に流れていく日本的なシークエンスの連続感も、この住宅のもうひとつのテーマだからである。出入口に引戸を多用したことが、このテーマのために一役かっている。

水平ばかりではない。この家はふたつの階段をもったことで、メビウスの輪の動線を描く。人は廊下を通り、部屋を抜け、階段を昇り、ブリッジを渡り、もうひとつの階段を降り、廊下を通り、部屋を抜け……とエンドレスに歩きまわることができる。空間は上下、前後、左右に連続し、相互に浸透していく。

エピローグ

遠くから眺めてみると、ふたつの家はのどかな田園風景の中にごく普通の顔をして溶け込んでいる。設計者の思い入れと、気負いと、こだわりと、葛藤はみんなコップの中の嵐だったかのようである。

アトリエのあるふたつの家のうち、切妻の「上総の家１」には個性的な年配の夫婦が住んでおり、片流れの「上総の家２」には、花嫁の出現を願う篤実な独身男性が住んでいる。

風土、風景、生活に寄り添うかたち

その場所にふさわしく

場所性という言葉から僕がイメージすることは、これは、住宅に限らず建築全般に言えることですけど、やはり〝その場所にふさわしいもの〟ということですね。たとえば普段着の街並なら、そこに自分だけ目いっぱいおしゃれして目立つ格好をしてやろう、という気持ちは僕の中には起こらなくて、そこには出来るだけ普段着の姿の住宅を建てていきたいと考えるのです。

まず敷地を見に行って、その場所の周辺も含めた風景というものがあって、そこにふさわしい建物をすべり込ませたい、それは、しっくり据えるという表現が一番いいかも知れません。いかに〝しっくり据えるか〟ということを考えるんです。ただそれは、どんな場所であっても全部目立たないように馴染ませちゃうということではないんです。例えば、付近が無造作な街並なら、少しはその街並を、美しくできるきっかけというか、刺激になればいいなというような場合もありますから、ある程度、幅のある考え方ですね。

大きくは、風土というか、風景や、その場所というものに対する敬愛の念というものが大切だという意識がありますね。

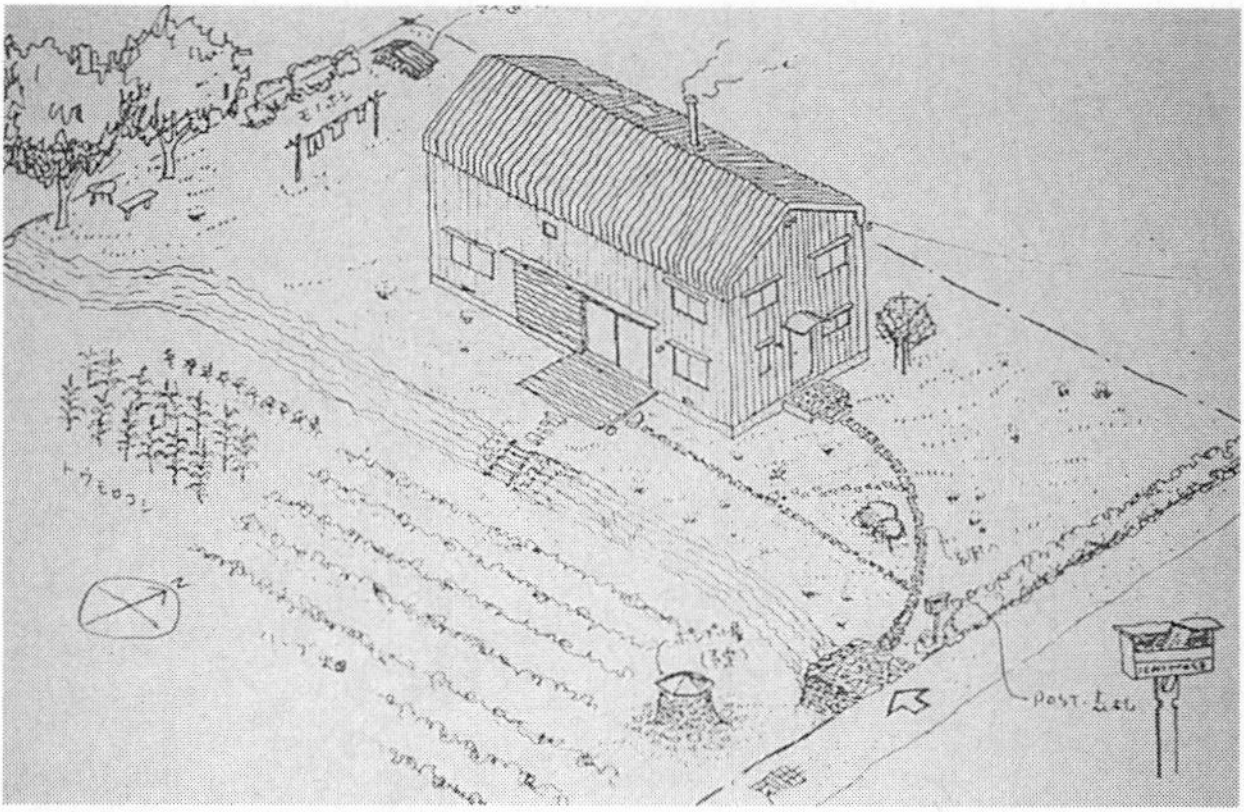

秋穂のアトリエ配置図

設計の原風景

僕の場合、ある形態や、特定の素材にこだわるというようなことは、ないんです。その場所に行き、その敷地に立ったときに初めて、漠然とこうしてみたいなというイメージが浮かんでくるようです。そして、そのイメージがその場所にふさわしいものかどうか、実際の設計作業の中で、具体的に生じる諸条件とそのイメージを照らし合わせながらチェックしていくというプロセスをとっています。つまり、そのイメージというのは、設計のための原風景と言ってもいいと思うんですけれども、その原風景を頭の中にどの

清水高原の家　山の斜面を断面計画に取り入れた小さな山荘。建物が建つことで寂しかった森の中に人の住む暖かい気配が生まれた。

ようにインプットできるか、上手に記憶できるかどうかということが、最終的には設計に影響を及ぼすことになりますね。

そのためには敷地に立つだけじゃなくて、その街並をブラブラ散歩して風景を感じ取ったり、向こう三軒両隣じゃないけれども、敷地周辺の人たちと散歩の途中で挨拶を交わしたり、そんなことがとても大事なヒントにもなっていると思います。素材に対しても、形を決めていくやり方と全く一緒で、特別なこだわりは何もないんです。一切、白紙からの出発で、この場所なら塗り壁がいいかなとか、金属板でもいいかなとか、まあ、ごく感覚的ですけどね。

敷地と形の関係

大体、僕の所に来る仕事は、小さな敷地が定番条件なんですね。時にはこんなところに、と思うような敷地に家を建てることがありますから、ある意味で建築の法規が大まかな形を決めてくれるんです。それから、日照と通風をできるだけいい条件で取り入れたいと考えるでしょう。そうすると、法規と日照通風の二つが形を決める大きな条件になるんです。

学生の時に、配置計画ということを学んだんです。一つの敷地があり、その諸条件を考えていくとその敷地に対して正しい建物の配置の仕方があるなんていうんだけど、そんな勉強が僕の仕事の場合、あまり役立たなかったんですよね。僕がやっている配置計画というのは、建物の大きさが敷地の大きさを越えなければいいなあと、敷地の中になんとか建物を納めることが配置計画なんです。

僕の設計する家は奇抜ではないし、主張を全面に押し出すこともないから、みんなどこか似通っているみたいだけれど、僕としては、自分に振られている役割を理解して、その場にふさわしく振る舞いたいものだと考えているんですね。一軒だけ舞い上がったり、目立ち過ぎたりするのは、どうもね。それは野暮とはいわないまでも、少なくとも粋ではないですね。新奇さや斬新さだけがいい建築であるための必要条件ではないのですから。

家って何だろう　家族って何だろう

それから、クライアントの生活の場を具体的に練り上げていくときに、先ほどの形や素材の決め方と一緒で、プランや空間構成のあり方もあらかじめテーマとして決めていることもないんです。まったくニュートラルな状態。ある種のテーマをたてて、そのテーマを追及する形で設計していく姿勢は僕にはないですね。家族の構成は長い時間と共に変化していくものだし、ひょっとしたらその家が住宅という機能ではなくなるかも知れない、だからそうした変化に対応できる箱を用意すればいいという考え方もできるでしょうし、それを良しとするクライアントならば、それは正しい解決だと思います。また、もはや家族というつながりは幻想なのではないかという問題も現代的な課題としてありますね。

でも、一方では家族のあり方ってそんなに変わってきているんだろうかという見方や感じ方もあるわけですよね。表面的な見方かも知れないけれど、僕のクライアント

動物は居心地の良い場所を見つけだす天才である。居心地に対する動物的なカンの良さが必要かも知れない、とりわけ住宅設計に取り組む建築家には。

たちは、みんな家族の崩壊なんてことを感じさせない、普通の人たちが多いと思っています。

みんなが未来の家族像を目指す特別な生活を望んでいるわけではなさそうだし、家族のあり方の変化だけはゆるやかに受けとめながら生活しているわけですね。もちろん、そういう問題について考えていないわけじゃないですけれど、僕にとっての住宅設計は学問や研究の対象ではなくて、あくまで市井の生活者のための実務の仕事ですから、主義主張の旗を振りかざすと、それこそ場違いなことになってしまうんです。

住宅の設計は、クライアントがいて初めて仕事が生まれるわけだから、家のあり方は一つ一つみんな違ってて当たり前、ということも言えると思います。クライアントの要望事項をよく検討して、可能な限りそれをクリアしていくことや、法規とか構造とか、建築的な要素をバランスよく納めていくことも大切なことです。また、それ以上に、表面には表れにくいクライアントの潜在的な要望をくみ取って、それに応えていくことが、プロのプロたるゆえんとも言えるでしょうね。また、その上で、自分自身の建築のテーマをその一つの住宅の中にどれほど溶かしこむことができたか、ということも大事なことですよね。

そうして出来た住宅は、あくまでも特殊解なんです。特殊解なんだけど、その中に、家って何だろう、家族って何だろう、生活って何だろうとか、そういう普遍的なテーマにも自分なりの答えを出していきたいと考えています。普通の人たちの、普通の住宅を一軒一軒つくりながら「住宅とは何か?」という本質的な問いかけに、いつの間にか答えている、というのが僕の目指すところです。

腕の良い仕立屋《テーラー》の服

生活の場を豊かにするための方法も、やはりケースバイケースで考えています。たとえば、生活の文法のようなものをちゃんと持っていて、生活を作り変えていくことができる家族の場合は、箱のような容器でいいでしょう? あとはご自由にというこことでいい場合もあるし、この人たちにはもう少し、細部を決めておいてあげた方がいいなと考える場合だってあるでしょう。住宅の考え方って、正解というのが一つではないですからね。たくさんの正解を自分の中に持っていて、その家族に応じた解決方法を提案していく――、設計者の方にそんな幅と奥行があればいいんじゃないかな。

チャールズ・イームズという建築家の自邸は、彼の仕事と生活を考えればあれで正

清水高原の家　寒冷地にある山荘のイングルヌックは快適そのものの実用品。「では、欠点は？」「そう、酒量が増えることかな」

解だったけど、じゃあ同じ時代の一般的なアメリカ人たちの暮らしには、あのスタイルはどうかというと、残念ながらほとんど適合しなかったと思うんです。住宅は、その家族の身の丈にあったものでなくてはね。洋服で言えば、その人らしい、その人にふさわしい装いというものがあると思うんですよ。そういう住宅を設計したいですね。普通に見えるんだけれども、きちんと仕立てられている、そんな腕の良い町の仕立屋《テーラー》の服のようなイメージが僕の理想とする住宅建築かな。

家具について

家具も生活空間に場をつくりだす大事な要素ですね。住宅を設計するたびにその家の空間にあった家具をデザインしていることが多いです。そうでない場合も、家具を置く場所をいつも考えながら計画することが大切なことだと考えています。

内藤廣さんが設計した安曇野ちひろ美術館の家具のデザインを担当させてもらいましたけれど、あの建物は繊細な屋根の架構と珪藻土の壁、唐松の床、そして美術館という機能を最小限に押さえ、安曇野の風景の中で人がゆったりできる場所をたっぷり取った空間ですから、家具がその建築の魅力を損なったらダメなんです。その場の中に置くことで、建築がさらに魅力を増し、家具から居心地が醸し出され、あそこに行くと、なんとなく気持ちがいいんだよと言われたらいいですね。実は、その〝なんとなく〟をデザインすることが僕の役割だったと思うからです。

建築の仕事も、家具の仕事も、そこにふさわしい〝場〟を生み出すという意味では同じだと思います。吉村順三先生は「circumstance が大事だよ」と言ったけれど、周囲《サーカム》に思いを巡らす姿勢《スタンス》を持っていないと、本当にいい家具をデザインすることは出来ない、というのが建築設計と家具デザインをずっと平行してやってきた僕の実感ですね。

手ざわりの想像力《イマジネーション》

家具感覚

「まるで大きな家具のようですね」

僕の設計した住宅を見て、そういう感想をもらす人がいます。それもひとりふたりではなくてね、よくそういわれます。本人としてはそんなことを意識してやっているわけではないのに、どうしてでしょうか。よく考えてみると思い当たるふしがないこともないんです。結局、僕の設計には建築的に一貫したテーマや方法論らしきものがないせいでしょうね。どうみても空間を家具でも作るように手づくりしているようなところがある。

良い建築家は、たとえば、コンクリート打ち放しの空間を追い求めているとか、鉄骨造の可能性に挑戦しているとか、和風を追究しているとか、それぞれにしっかりしたテーマをもってやっていますよね。それを少しずつ発展させたり上達させたりしていくわけですが、僕にはそういうテーマの持ち合せがないんです。

テーマはない、工法にこだわりはない、得意なスタイルはない、では依頼者にも張り合いがなくて困るでしょうね。志ん生が「あたしの噺は、上がったとこ勝負」といっていますが、僕もまさにそんな感じなんですね。もっとも、僕にはとても志ん生ほどの芸の力はないのですが。それで、結局空間を考えるときに頼りにしているのは自分自身の身体的なスケール感ということになります。空間のとらえかたを、かなり動物的な勘に頼っている。

まず最初に身近にさわれるモノがあってそれを包む小さな空間があって、それをまた包むもう少し大きな空間があってという具合に次第に家全体ができていく。

平面計画の段階では、プランそのものの絵画的な構成のことや、構造計画や空間構成のことなども人並みに考えているのですが、同時に、その空間のなかにいるときの触覚的な感じや生理的な快、不快を非常に大事にしながらやっています。そんなことが、やっぱりどこかに滲み出るんですかね。

手ざわりを積み重ねて

「新小岩の住宅」ではイングルヌックと和紙貼りの茶室をつくりました。あの家は僕が設計した家としては割に大きいんですよよ。それぞれの部屋にゆったりした広さをもっています。ところがそういう大きな部屋だけで構成したプランをみていたら、なんだか「よりどころ」がないような不安な気分になってきてしまったんです。広い部屋

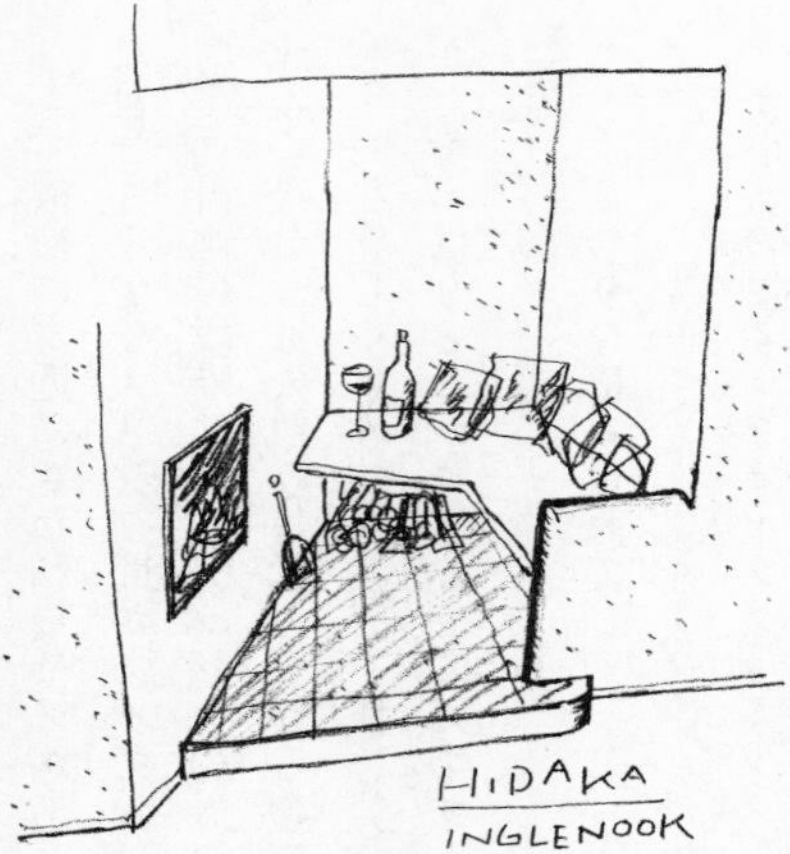

のなかで自分ひとりがぽつねんと取り残されて座りこんでいるイメージですね。

それでこの家には、穴蔵のような小さくて暖かい空間が必要なんだと、ほとんど直感的に感じました。そういう小さな部屋を核のようにふたつ据えることで、この家は成立すると考えたのです。これはこうだから、こうあらねばならぬというように論理を構築していくようなやり方ではないのですね。そしてこの空間は、他より密度の高い少し手のかかった空間にしてあります。

イングルヌックにつくり付けられたベンチは楢のムクの大板で、穂高の横山浩司という木工の職人の仕事です。彼は僕の好みの手ざわりを良く心得てくれていますから、そういう大事なところは彼に頼んでいるわけです。茶室の床板も彼の仕事。栗の一枚板を特殊な丸鉋《まるかんな》で削ってもらいました。

こういうちょっと手のかかったディテールや仕事があるとやっと自分のものになったという感じがして何だかほっとしますね。

ところで、話はちょっとちがいますがレミングっていうねずみの仲間の小動物は新しい巣に入ると、とりあえず内側を全部舐《な》めまわすらしいですね。そうして自分のにおいが染み付いたら自分の巣になったと感じているらしいんですよ。なんだか人ごととは思えない暗示的な話です。実はね、ねずみ年の僕はこの話に感銘して、事務所をレミングハウスという名前にしたんです。

「加地さんのすまい」は、もうそれ自身が大きな家具とよんでもいいほどのスケールですから、図面の段階で自分を包む空間の感じはよくわかっていました。「自家薬籠中の空間」と呼びたいぐらいです。それでも何かその家を象徴するような手ざわりの部分が欲しいと思いまして（やっぱり舐めてますね）、あの家は二本の直線階段が平面と空間構成のかなめとなっていますから「手摺《てすり》史」に残るような素晴らしい手摺をつくろうと、加藤治という家具職人（彼がこの家の家具を全部製作しています）をけしかけまして、そうとう気合を入れて手摺をつくりました。

「一度さわりにきませんか」と人を誘いたくなるぐらいの手摺になりました。

良い映画には「この映画はここに極まった！」と感じられる、その映画全体をひとつのシーンが象徴してしまうようなカットがありますが、住宅にもそういうシーンやディテールを持ちたいものだと思っています。

「被害者同盟」の輪

職人の話がでましたが、僕の仕事を陰で支えてくれている職人たちは、ひそかに自分たちのことを「被害者同盟」って呼んでいるらしいんです。もちろんユーモアをこめてですけど。僕の仕事に付き合わされると面倒な注文や苦労ばかり多くて割があわないという意味なんでしょうね。そういいながらも、本当によく付き合ってくれています。

よく、いい職人がいなくなったなんて嘆く話を聞きますが、そうとばかりはいえないのではないかというのが僕の感想です。

物をつくり出すというのは人間の喜びのなかでもかなり大きいものですよね。その喜びを職人たちと同じ気持ちで味わえるかどうかが決め手かもしれません。札束を積

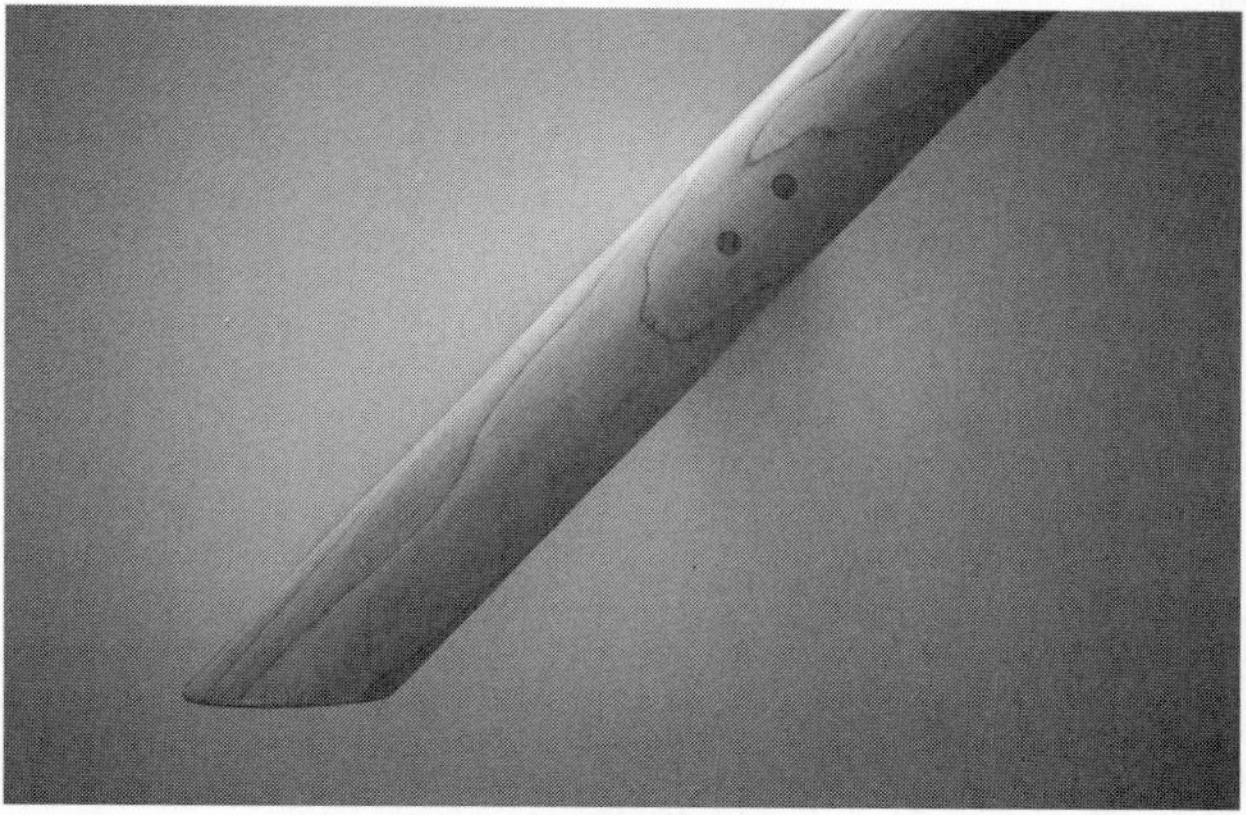

「一度さわりにきませんか」と人を誘いたくなるぐらいの階段手摺。

んで「やらせる」というのもダメだし、製図板の上だけでできた、頭でっかちの図面を渡して「あとはよろしく」っていうんでも、いいものはできません。それで、出来が悪いからって職人がいなくなったなんて嘆くのは間違っている。職人がいなかったら、そういう人を見つけ出して一緒に肩をならべて試行錯誤しながら少しずつ技術を高めて行けばよいと思います。

作品をひとつずつつくっていく喜びと、そういう気の合った職人をひとりずつ増やしていく喜びは似ているところがありますね。

僕は家具のデザインをしますから、木工の仲間が多いのは当然として、大阪には僕の暖炉の製作と販売を受け持ってくれる人がいたり、たくさんの職人仲間＝被害者同盟に助けられています。

煮込んだ薄味を

ジャスパー・ジョーンズの絵を初めて現物で見たときに、この人はやっぱり根っからの画家だったんだと感じてね、本当におどろきました。それまでは彼の絵を印刷物で見ていて、十分わかったつもりでいたんですが、本物があんなに味わい深いマチエールでできているとは夢にも思わなかったんで、びっくりしたわけです。彼の絵を支えているのは、もちろんそのコンセプトの卓抜な独創性であるわけですけれども、それに勝るとも劣らないのはマチエールの魅力だったとね。あのマチエールにはたしかにジャスパー・ジョーンズの体臭が染み付いていますね。

建築でも同じようなことがいえるんじゃないでしょうか。コンセプトも大事だけれど、建築がモノである以上、やっぱり素材そのものの魅力というものを離れては成りたたないと思うんです。

理想をいえばそういうモノとしての魅力をたたえつつ、そのことをあざとく感じさせない、じっくり煮込んでいってあっさり薄味に仕立てたような滋味のある住宅がつくりたいですね。

建築家の本棚から

書評

中谷宇吉郎著『中谷宇吉郎随筆選集・第一巻』(一九六六年、朝日新聞社)

科学者として独自の分野を切りひらき、偉大な功績を残した中谷宇吉郎の数多い著作の中からたった一冊を選ぶのは、科学の門外漢である私には荷の重い役まわりである。気になって調べてみたら、中谷には、専門の研究論文の他に、随筆、評論、科学解説など、広い分野にわたる著作は、全部で五十三冊あることが分かった。

しかし、その「一冊」が、ただ単に中谷の本への私の個人的な思い入れで良いなら、答えは簡単で、甲鳥書院刊『続 冬の華』ということになる。昭和十五年に発行されたこの本を、私は今から約四十年ほど前の受験浪人時代に神田の古本屋街で見つけて買い、それ以来、折にふれて、愛読してきたからである。

じつは、この時からさらに四、五年さかのぼった中学生時代の国語の教科書に、同じく中谷の「雪を作る話」が載っていて、そのころ科学少年を自認していた私は、零下何十度というような低温実験室で、雪が(正確には雪の結晶が)作り出されていく話に胸を躍らせたことがある。

そのとき教えてくれた戸田という先生の教え方が素晴らしかった。女性の国語教師には珍しく自然科学の知識の豊富だった戸田先生にとって「雪を作る話」は、言ってみれば自家薬籠中の授業だったに違いない。実験の様子を文章から読み解き、「こうやったら失敗して、こうやったら今度は上手くいったのよ」という具合に、実験の経過をいちいち丁寧に図解して黒板に描いてくれた。そのうちの一枚は冷やした銅板から雪が降り出す絵で、そのシュールな光景に背筋がゾクゾクしたことを鮮明に憶えている。

「雪を作る話」は中谷宇吉郎の最初の随筆集である『冬の華』の中に入っている。この本には、「線香花火」という身近な題材を科学的に語った見事な随筆や、師匠の寺田寅彦の思い出を敬愛を込めて生き生きと綴った話も多数入っているので、中谷宇吉郎の本といえば、どうしても外すわけにはいかない一冊という気がしてくる。この二冊のうちのどちらを選ぶか、なかなか難しい問題である。

しかし、都合の良いことに、『中谷宇吉郎随筆選集』という全三巻からなる選集があり、その第一巻目には「冬の華」も「続冬の華」も収められている。そればかりでなく、読みごたえのある「第三冬の華」も、味わい深い「樹氷の世界」の初期随筆集も大盤振る舞い的にこの第一巻に収録されている。この本を中谷宇吉郎の「一冊」として選んでおけば、一件落着、取りあえず異論はなかろう。

さて、ここで、中谷宇吉郎がどのように「考える人」だったのか、少し考えてみたい。

そして、そのことを考えるために『続 冬の華』の中から、建築家という職業柄、私がもっとも心惹かれ、またその内容から少なからず影響を受けた「生活の実験」という随筆を取り上げたいと思う。

中谷宇吉郎は三十七歳で肝臓ジストマを患い、約二年間、伊豆の伊東温泉で療養生活をおくったが、病気が完治した後、職場（北海道大学）のある札幌に帰ることになって、自宅の普請を思い立つ。寒冷地に新たに自宅を造るにあたって、中谷は科学者の立場からそれまで一般的に建てられてきた北海道型の住宅建築の欠陥や、その実情をつぶさに検証した上で、採暖方法や、断熱性能や、合理的な構造について独自の創意工夫を凝らした住宅を完成させた。「生活の実験」は、この普請に関する科学的考察の経緯を随筆風に綴ったものである。

ものごとを科学的に考える癖が骨の髄まで染みついている中谷には、非科学的発想ゆえに燃料の莫大な無駄遣いをし、寒さに脅かされて暮らしている従来の北海道の住宅のあり方が、なんとしても許せなかった。

「その土地での日本人に適した衣食住の研究と改良をするべき」と考えていた中谷は「科学する心」をもってすれば、北海道でもこんなに快適な家ができると、自ら範を垂れようとしたに違いない。

「冷気の侵入は、硝子面を通して、伝導で熱が逃げるのが主な原因であるが、多くの北海道の人々は、それを隙間風のせいと考えているらしい（中略）そしてそれ程の熱の損失にうち勝つべく、ストーブを真赤に焚いて、温まった空気を天井に逃がし、冷たい空気を床下から吸い込んで、まるで住宅に風洞の役目をさせている場合もある」と述べ、さらにペチカという優れた暖房器具を住まいに備えているロシア人の「日本人という国民は随分不思議な国民ですね。少しの材木で家を建てて、その材木と同じぐらいの量の材木をその横に積んでおいて、それをひと冬に焚いてしまう」という驚きの（啞然とした？）発言を、苦笑まじりに紹介する。そして、「要するに暖房装置というものは、発熱量が問題ではなくて、熱の逸散の方がもっと重大に影響するのである」と結ぶのである。

中谷の観察力と思考法に支えられた表現でいつも感心させられるのは、それが科学者ぶった専門的で難解な言い回しにならず、市井人の暮らしの手ざわりと、普段使い

がある。

の言葉のセンスを失わないことである。あっさり言えば、実に分かりやすく、説得力があるたとえば硝子戸の内側に設ける雨戸が凍結という寒冷地の大問題を解決するだけではなく、その絶大な断熱効果によって太陽熱の恩恵を保持してくれることを説明した後で、「日当たりの良い部屋の気持ちの良い暖かさが、いかに万遍なく家を暖めてくれる日光に負うところが多いかがよくわかった」と、道ばたの立ち話のようなのどかな口調でサラリと書くのである。随筆家として一家を成した背景に、この絶妙な言葉の芸があったことを忘れてはならない。

最後に。

「自然をその本来の姿において見て、その中にある理法を本当に自分の眼で見て納得する。そしてそれに基づいて物事を処理していくのが、科学的な研究である」と考えていた科学者、中谷宇吉郎の面目躍如とも言える名台詞が、「生活の実験」の中にあるので、それを紹介しておきたい。

「世の中には、物事は間違った理屈どおりにはいかない、というべきところを、物事は理屈どおりにはいかない、と言って済ましておる人が多いので困るのである。」

全編に散《ち》りばめられた「昌二節」

林昌二著『建築家　林昌二毒本』（二〇〇四年、新建築社）

昨年の晩秋、分厚い本が一冊送られてきました。さっそく包みを解いてみると、「林昌二毒本」というタイトルが目に飛び込んできて、眼の奥にチクリと突き刺さりました。このタイトルだけでも相当ドスが効いているのに、「毒」という文字は赤い血痕のような色で印刷され、本にいっそうの凄味を加えています。あっさり言うと、この本には近寄りがたい気配が漂っていました。私は、本をひとまず書見台に安置し、しばらく表紙だけを眺めて過ごすことにしました。年が明け、「毒気」にも慣れてきたころ、私は、意を決して読み始めたのですが、案の定、まえがきの「設計、その悦楽の世界を求めて」の冒頭四行目には、「建築家は生涯現役だと説く方があり、高齢で立派な仕事をされる方もまれにはおられますが、それは例外で、おだてに乗って仕事をし、本人はまんざらでもない気持ちでおられるらしいものの、外から見ると、それまでの功績をみずから崩していく姿は見るに耐えないと感じるからです」という、穏やかな言葉で書かれた、穏やかならぬ「昌二節」が唸っていて、思わず冷水を浴びせられたような粛然とした気持ちになるのでした。

しかし、その冷水で気持ちを引き締め、姿勢を正し、「昌二節」に聴き入ろうという気にさえなれば、この本からは建築を巡る、驚くほど幅広く示唆に富んだ「思想」の恩恵にあずかることができることも即座に確信しました。なんといっても小学生時代から「この目で確かめたことだけを信じ」、借り物でない自分自身の価値規準に照らして深く考えた上で、「ものをいう習慣」が身に付いていたという林昌二氏の、半世紀にわたる膨大な著述や言説から選び抜いて網羅してあるのですから、建築という航路を進む者にとって、水先案内的な意味を持つ希有の本であることは間違いありません。

さて。まずこの本のよく考えられた構成について紹介しましょう。最初に私は「分厚い本」と書き、「近寄りがたい気配」と書きましたが、この本は、実際にはとても読みやすく、また分かりやすく編集されています。全体は六つの章から成っており、その章は二十代、三十代……というように年代順に並べられており、林昌二氏がその年代に書いた評論や随想や対談などが収められています。ここで特筆しておきたいのは、章の始めに、林氏が、来し方と、その時々に考えていたことを元毎日新聞編集委員などの聞き手に対して肩肘張らずに語った座談（テーブルトーク）の記録を、たくみに再編して入れてあることです。この座談がそこから始まる章のじつに見事なプロローグになっています。本来ならじっくり読み込むべき本ですが、この本に親しむために（とりわけ書名に怖じ気づく人には）、取りあえず、この座談の部分だけを拾い読みすることをお薦めします。この座談の中にも「昌二節」はふんだんに盛り込まれていて、読み応えも刺激も満点。中でも私は、「20代　建築ことはじめ」と「60代同時代の建築を語る」を大変興味深く読み、林昌二氏の考え方やこだわりを身近に感じることができました。

座談といえば、「どうして住宅作家に転身しなかったのですか？」という聞き手の質問に、林氏が即座に応えた言葉に、私は言いようのない感銘を受けました。この言葉に出会えただけでも、この本を読んで良かったと思ったほどです。氏はこう言っています。「私は住宅をつくっているんです。つまり、人の住む場所をつくっている。昼間、人の住んでいる場所はオフィスですから、オフィスを設計することがすなわち、住宅の一部を設計していることになると思っている。（中略）住宅を設計する人は暮らしのディテールに興味がなければ、なんの面白みもないと思うんです。暮らしの隅々のことをきちんと温かく処理するところに住宅の面白さがある。一軒の住宅の中には世界が入っているんです」。

林昌二氏の文章を一度でも読んだことのある人なら、氏のどんな文章にも、必ずいくつもの警句めいた言葉や、ハタと膝を打ちたくなる卓見が散《ち》りばめられて、読者は避けがたい刃物が突きつけられたような気分になったり、思わず快哉をあげたい気持ちになったりすることを知っているはずです。先ほど私は、そのことを「昌二節」と呼んだのですが、結局、読者はこの本の中から、どれほどの切実感を感じつつ「昌二節」を聴き、その意見に真摯に向かい合うことができるかを問われることになるのです。そして、この本の真骨頂はじつはその問いかけの質にあるのだと私は思います。ついでながら、私自身が深く心に留めておくべきだと思った文章を二つだけ挙げれば、冒頭の「設計、その悦楽の世界を求めて」と、施主論（四十代）に含まれている「私と私たちの設計」でした。

林氏は山本学治さんの批評について、「いつでも中央突破で、正々堂々としており、非難、攻撃、扇動の臭いをまったく含みませんでした」と書きましたが、じつは、この言葉こそ、林昌二の自画像そのものでした。「正義的すぎるもの、権威的なものを嫌った」という林昌二さんの箴言《しんげん》を散りばめたこの本を、ぜひとも学生や若い世代の建築家に読んでもらいたいと思います。

書評

芥川比呂志著『決められた以外のせりふ』(一九七〇年、新潮社)
『肩の凝らないせりふ』(一九七七年、新潮社)

無性にいい文章が読みたくなると、勢い込んで本棚の前に立つ。結局、手に取る本はわずか数冊に限られていて、その筆頭が、芥川比呂志のエッセイ集『決められた以外のせりふ』または『肩の凝らないせりふ』である。

芥川比呂志のエッセイの面白さは、なんといっても語られる内容の間口の広さと、奥行きの深さであろう。幼年時代、少年時代、青年時代の思い出を綴った自伝的な話あり、新劇に生涯を捧げた人ならではの俳優論、演劇論、演出論があり、的確な劇評と優れた映画評がある。ほかにも、旅の名人ぶりを窺わせる紀行文があり、人物の人となりを彷彿とさせる見事な人物評があり、病中病後の身辺雑事を描いた闘病記があり、世相巷談的な気軽な読み物がある。感心するのは、そのテーマのいかんにかかわらず、いつでも現役の演劇人ならではの独特の視点と、感性と、観察力が感じられること。そして、どの文章を読んでも、言葉の連なりが美しく、言いまわしが洒落ていて、背後に緩急取り混ぜた歯切れの良いリズムが脈打っていることである。このことは声に出して朗読してみるといっそうよく分かる。その文章は、さながらよく練られた芝居のせりふのようである。

手仕事が育む思索

三谷龍二著『木の匙』（二〇〇五年、新潮社）

「木のうつわ」の作家として料理好き、食器好きに熱烈なファン層を持つ工芸家、三谷龍二は、知る人ぞ知る滋味のある文章の書き手であり、写真の名手である。ここで紹介する『木の匙』は、その三谷の初めての単行本になるが、この本一冊で、読者は文章と写真の魅力をたっぷり味わうことができる。

三谷は「暮らしのなかの《用》に応えた、美しい生活道具がつくりたい」と発心してこの仕事を始め、これまでにバターケース、大小の皿、各種のボウルをはじめスプーンやフォークなど、食卓周りの木工品を数多くつくってきた。そのすべてが無垢の木を使った普段使いの道具たちである。

用途に応じて材種を選び、木取りし、削り、刳りぬき、染色し、漆を塗って仕上げる手作業の時間は淡々と過ぎていくものらしいが、その手仕事のさなかに彼の頭に浮かんだ想念は、すぐに思索という形になってゆっくりと歩きはじめる。

たとえば三谷は、使い込むうちに先端が欠け、修理のために送り返されてきた自作の木の匙を修理しながら、匙という道具について思いを巡らす。
「僕は匙のような、小さな働きものが好きだ。大きな声で主張するような目立つ存在ではないけれど、でも他では代用できない自分の役割をちゃんと世の中に持っている」

そして、こう呟くように続けるのである。
「はたして僕は、小さなこの匙のようにこの世の中に必要とされているのだろうか。確かな居場所をこの世の中に持っているのだろうか（中略）小さくても自分の居場所をこの世に持っている、そのことはすごいことだと思う」と。

この本の持ち味は、このように一歩一歩踏みしめるような三谷の思考の足どりが、読者の心のリズムにぴったりと寄り添い、説得力をもって訴えかけてくることです。

三谷はうつわの材料を慎重に選ぶように言葉を選び、その材料に研ぎ澄ました鑿《のみ》をあてて、サクリ、サクリと丁寧に削っていくように文章を綴っていく。声高でもなく、性急でもなく、穏やかな口調で、なによりも分かりやすく。

そして、静かに語られたその内容を、三谷自身の撮影した静謐な空気に包まれた写真で視覚的に再確認することができるのが、この本ならではのもうひとつの大きな愉しみである。

見なれた星座たちが立体的に浮かび上がってくる本

杉浦康平・北村正利著『立体で見る「星の本」』（一九八六年、福音館書店）

この本に出会うまで、私は、星空がとてつもなく深い奥行きを持った空間であるということ、すなわち、星に遠近のあることを意識することなく夜空を仰いできた。

この本のお陰で、巨大なおわんの内側に投影された星座早見表であった星空が、天体として感じられるようになったわけである。

「立体で見る」とサブタイトルにあるように、この本に附された赤青の色めがねをかけて本を開くと見なれた星座たちが、立体的に浮かび上がって来る。

星座早見では退屈だった星を結ぶただの線が、浮かび上がった空間の中で、星たちを縫いとりながら縦横無尽に屈折する。

ここでは、星座は線で出来た美しい抽象彫刻である。

星空が平面として見える不思議。印刷された平面が立体的に見える不思議。

この、視覚の複雑なメカニズムについての著者の杉浦康平が「眼球の中の宇宙」といういかにも視覚の職人《アルチザン》らしいタイトルで解説している。

文庫本解説

平松洋子著『平松洋子の台所』(二〇〇八年、新潮文庫)

「そういえばね、平松さん……」と、私は話し始める。

あれは、そう、一九八一年だったから、もう、四半世紀以上前のことになるんだけど。南スイスのサンニョー村という名の小さな村で、そのあたりの伝統的な民家を買いとり、モダンな住まいに改修して住んでいるグラフィックデザイナー夫妻の家を訪ねたことがあるんだよ。

知り合い？　いいや、そうじゃなくてさ、じつは、まったくの偶然なんだけど、その半年ぐらい前に『ABITARE』っていうイタリアの建築・インテリア雑誌のバックナンバーをパラパラ眺めていて、そのご夫妻の住まいが何ページにもわたって紹介されていたのを見つけたことがあってね、そのセンスのいい、素晴らしく居心地の良さそうな「住まい」に、というより「住まいっぷりに」といった方がいいかな、すっかり心奪われちゃったんだ。で、ぼくはさ、平松さんとおんなじぐらい「旅好き」で、これも平松さんとおんなじぐらい「思い立ったら待ったなし」の性分でしょ？　おふたりの名前が、ご主人は有名なスイス人グラフィック・デザイナーのマックス・フーバーさん、奥さんはこれも有名な画家でデザイナーのアオイさんっだっていうことが、雑誌のコメントで分かっていたから、さっそく、あちらこちら問い合わせて住所を突き止め「ぜひ見学させて下さい」と、お願いの手紙を出したわけ。もちろん、ダメモト覚悟でね。そしたらね、嬉しいことに、二週間も経たないうちに「歓迎するので、いつでもいらっしゃい。よかったら三〜四日泊まって、ゆっくりしていったらどう？」という意味の、心ときめく返事が来たわけ。え？　うん、そう、日本語でね。だって、アオイさんは、日本人だから。

でね、「さいわい」っていうのも変だけど、ちょうどそのころ、ぼくは勤めていた設計事務所を辞めて、そろそろ独立しようかな、と考えていた時期なわけ、はっきりいえば失業中ってことだけど、時間だけはたっぷりあったから、なけなしの貯金をはたいて出掛けていったんだ、スイスまで……。

「で、どうだったの、その家？　写真と、どっちがよかった？」と平松さん。

うん、それがね、写真より実物のほうが、ずぅーっと、よかった。どう言ったらいいんだろう、夫婦そろって、住まうこと、暮らすことを、心から愉しんでいるって感じが家中に漂っているんだよ。本当に自分たちの棲み家を愛して、慈しみながら住んでいるって感じ。家の隅々までそのぬくぬくした気配が充満しているわけ。大げさに言うとね、人の住まいの理想型がそこにあるっていう感じなんだな。ああいう気配は、やっぱり写真には写らないものらしいね。

それはそうとね、いま、平松さんからベトナムで平べったい「おたま」が欲しくてたまらなかった話を聞いていて、ふと、思い出したんだけど、ぼくもそのスイスのお宅で「欲しがり」熱に取り憑かれて、ジリジリ身を焦がす想いをしたことがあるんだ。平松さんの言いまわしを借りれば「血管の中の怒濤」がドクッ、ドクッと脈打ってね。今、思えば、あれも「平べったい」ものだったなあ。しかも、その場所も、そこんちの台所だった。それがなんだったか、平松さん、分かる？……わかんない？　じゃあ、教えてあげよう。それがね、上からぎゅーっと押し潰したような形のヤカンなんだよ。よく見るとね、ヤカンの底の部分が幾重にも階段状になっていて、ちょうどメキシコの円形ピラミッドをひっくり返したような格好をしているわけ。言葉で説明するより絵の方が早そうだから、ちょっと描くとね、ホラ、こんな形（次頁）。注ぎ口は笛吹ケトルになっていて、赤い色の把っ手がついていたなあ。把っ手の形は、そう、こんなだったかな。そのヤカンに目が釘づけになって、じぃーと見入っていたぼくを見て、アオイさんがね、中村さん、どんなとき使うヤカンだと思う？　なんて悪戯っぽい目で質問するわけ。ヒントは底の段々ね……さあ、なんでしょう？　なんて言ってね。

え？　あ、分かったの？　平松さん！　さすが『台所道具の楽しみ』の著者だなぁ。ご名答！　そう、鍋の蓋の代わりに載せておくヤカンなんだよ。鍋料理をするとき、湯気の熱がもったいないからついでにお湯を沸かしちゃおう、という卓抜なアイデアね。おっしゃるとおり、鍋底の段々はいろんな大きさの鍋の直径に合わせるためのもの。スイスには、なんか愉快な道具や雑貨があるっていう印象がぼくにはあるけど、ま、あの十徳《じっとく》のアーミーナイフを生みだした国だから、当然といえば当然かもね。

ところで……。

じつは、このスイスの鍋蓋ヤカンをめぐる平松さんとの話は、本当にあった会話を再現したものではありません。『平松洋子の台所』の中の、もの好きの天分「ベトナ

ムのサーバー」という章を読んでいるうちに、ふと、私の頭の中に浮かび上がった思い出話を、読み終わったあとで、本の向こう側にいる著者の平松さんに語りかけた、架空の「お喋り」なのです。

これは、ほんの一例。

平松さんのエッセイを読んでいると、私の心のいちばん奥の部屋にある記憶の簞笥の中から、読んでいる文章に一番ふさわしい抽斗が引き出されて、仕舞いこんだまますっかり忘れていた、あの話、この話が、懐かしそうにひょっこり顔を出すのです。そして、そのとっておきの話を、行間から垣間見えている、ほかでもない平松さんのにこやかな笑顔に思わず語りかけずにはいられなくなります。

また、読みすすむうちに、突然、次のような珠玉の名言の不意打ちに遭うこともあります。

「おいしいものをつくる人からこぼれ出る言葉は、なんとおいしそうなのだろう」

こんな時も、私は活字の向こうにいる平松さんにむかって、すかさず、こうつぶやくのです。

ねえ、ねえ、平松さん、これって、ご自分のことじゃないの？

世の中には、すぐれたエッセイ、愉しいエッセイ、読ませるエッセイは、それこそ枚挙にいとまがないほどあると思いますが、読みながら作者から肉声で語りかけられているような気持ちになれるエッセイ、しかも、一章読み終わるごとに、作者に向かってこちらから、たとえ短い感想でも親密に語りかけたくなるエッセイは、そう、ざらにあるものではありません。

……と書いたあとで、ちょっと付け加えますが、平松さんと架空の会話をするといっても、「聞き役」と「話し役」の割合は、私の場合、よくて「八対二」ぐらい。やはり、私はほとんどの場合、聞き役にまわります。だって、仕方がありません。平松さんのほうが圧倒的に見聞が広く、知識と話題は汲めども尽きない感じだからです。そして話題がなんであれ、的確に、しかも、深々と切り込んでいく文章の形をした包丁の切れ味と、手際の良さにこちらとしては目を瞠るばかり。ただもう、感心して相づちを打つのが精一杯です。そんなわけで、こちらの出番がせいぜい二割というのも、ま、いたしかたないことです。

ここでもうひとつ、忘れずに書いておきたいことがあります。

平松さんのエッセイを読んでいて、私がいつも、思わず溜息をつくほど感心するのは、「語感の確かさ」です。そしてその「語感」が、繊細で鋭敏な平松さんの「五感」によって、しっかりと裏打ちされていることに思い至り、三嘆するのです。平松さんのエッセイの、おもわず膝を打ちたくなる巧妙な表現とその説得力は、平松さんが、視覚、聴覚、嗅覚、触覚、味覚を、フル稼働させて感じ取ったことを巧みに「語感」に変換させることで生まれるのだと思います。

たとえば。

「……そこに投げかけられた燃えるような火の色、墨色の混ざった柿色、透明な紫色……光の束が刻々と色を変え、そして突然すとん、と向こう側に太陽が姿を消して宍道湖は闇に包まれた」（出雲の饅頭蒸し）の視覚。

「北京は、声の響きが美しい街だ。（中略）おおらかな大陸の空気のなか、石壁に反響した北京語の響きはまるで音楽のように柔らかい」（はかり盆）の聴覚。

「ふわあっと白く細い煙が立ち昇る。香りが巻き起こる。と、からだの細胞のひとつひとつが反応してにわかにざわめき立ち、けれども一瞬ののち、全身は穏やかな秋の午後のような静けさに満たされていく。部屋の空気もまた、しんと静まりながらも、ふくよかな表情を帯びてゆく」（ベトナムの蚊取り線香入れ）の嗅覚。

「しゃりしゃり、さらさら。繊維の一本一本が水にさらされ、空気が通り過ぎていったあとの麻はくしゅくしゅ身を縮めている。わたしはその一面のしわの海にてのひらを置く。そして平泳ぎするみたいに両手を大きく左右に滑らせ、そのままからだごと前に倒してしわの上に頬をくっつけてみる」（麻のクロス）の触覚。

「シチリアのオリーブオイルは、たぷん、とろん。陽光のなかでのんびり育ったゆるやかな味。トスカーナ産のようなキレのよさはないけれど、むしろそこがおおらかな魅力に転じている。そして、もうひとつ。味覚を細心に働かせると、シチリアのオイルには遠くにシトラスやグリーントマトのさわやかな風味が顔をのぞかせる」（オリーブオイルの瓶）の味覚。

ね？　さながら「五感」の大盤振る舞いでしょう？

この気前のいい大盤振る舞いを、しみじみ噛みしめ、たらふく味わうと、またしても私は平松さんにこう語りかけたくなります。

「そういえばね……」。

生活者の視点で書かれた優れた「住宅論」

檀ふみ著『父の縁側、私の書斎』(二〇〇六年、新潮文庫)

二年ほど前、檀ふみさんと公開対談をする機会がありました。

ご存じのとおり、檀ふみさんは座談の名手です。人前でお喋りするのも慣れっこの様子で、壇上でも余裕しゃくしゃく、実に堂々としていました。

私は横綱の胸を借りる幕下力士のような気持ちで対談に臨んだわけですが、話がはじまるやいなや、その檀さんが、

「ナカムラさん、私ね、ホンカク的な女優を目指していたんですけど、いつのまにかホンカク女優になってしまったんですよ」

と、謎めいた発言をされました。

私は言葉の意味を掴みかねて、思わず檀さんの顔を見つめましたが、目元にあの涼しい微笑を浮かべているだけで、その真意は分かりません。怪訝顔の私に向かって、檀さんはさらに、

「そういえば、ナカムラさんもホンカク建築家でしたよねぇ?」

と、同意を求めるような口調で、追い打ちをかけてきました。私の頭の中に、大小の？が浮かんでは消え、私はもう一度、檀さんの顔をしげしげと見つめずにはいられませんでした。先ほどの目元の微笑はいつのまにか顔全体に拡がっており、檀さんは悪戯好きのモナ・リザみたいな表情になっています。

そして、「仕方ないわね、じゃあ、助け船を出しましょうか？」といった感じで……、

「私は、本、書く、女優」「ナカムラさんも、本、書く、建築家。でしょ？」

うーん、やられました！　会場は、見事に一本とられて絶句する私をからかうような大きな笑い声に包まれました。

その檀ふみさんのホンカク才能に、私は以前から一目も二目も置いていました。歯切れが良く、穏やかなユーモアのセンスとおっとりとした育ちの良さの感じられる文章を読むと、ひなたぼっこでもしているような幸福な気持ちになれるからです。

そんなわけで、『父の縁側、私の書斎』が単行本で出版され、著者の檀さんから美しいサイン入りの本を贈られたときも、顔を綻ばせながらさっそく読み始めました。

ところが、この本はこれまで私が読んだ檀さんの本とはいくらか趣を異にしていま

した。読み進むうちに、それは、純真な目で真っ直ぐにものごとを見据える視点と、夢見る乙女のような感受性と、観察力に裏打ちされた辛口の批評精神という檀ふみさんの文章の三つの持ち味が、仲良く同居して陰影のある余情と滋味を生みだしているせいだと気づきました。

この本で語られるのは、住まいにまつわる話と、そこで営まれる日々の暮らしから浮かび上がる所感についてですが、そこには、実は子煩悩でもあった父親＝檀一雄に対する思慕の念が行間から滲み出す思い出話や、思わず共感の拍手をおくりたくなる建築的な考察があると同時に、建築家である私の胸をチクリと（ときにはグサリと）刺さずにはおかないエピソードや、耳の痛い意見もあります。つまり、本のそこここに、建築家はもちろん、暮らしと住まいを分かつことのできない容器として大切に考える人なら、決して読み飛ばすことのできない住まいにまつわる達見が、ふんだんに散りばめられています。

私がこの本の中で感心したり、教えられたり、気付かされたり、立ち止まったりした箇所は沢山あります。

とりわけ「土間」と「縁側」という、ひと昔前の日本の住まいには欠かせなかった空間を見直し、現代の住まいにも復活させたい「とっておきの場所」として礼讃しているところなどに、檀さんの卓越した建築的センスを感じ、大きな共感を覚えました。別な言い方をすれば、思わぬところからひょっこり強い味方が現れたような喜びと、頼もしさを感じたのです。

ここは私の大好きな文章なので、ちょっと引用させてもらうと……、

「扉の向こうは、三畳ほどの土間。その土間に続いて、上がりがまちがあって、やはり三畳ほどの和室になっていた。

老夫婦は畳の上に座り、私は土間の腰掛けに座る。

なんと心地のいい空間だったろう。

靴を脱がないことで、私は一線を越えてはおらず「ごたいそうな」客人となっていないという安堵感がある。老夫婦もゆったり、のんびり応対している風である。（中略）もう一度、家を建てることがあるなら……とこのごろよく考える。もう一度、家を建てることがあるなら、まず、土間を作りたい」。

こういう文章を読むと、建築家の私は無性に土間のある家を設計してみたくなりますが、読者には、ぜひ、頭の中でその情景を思い浮かべながら読んで欲しいと思います。

「縁側」については、檀さんはこう書きます。

「縁側には、玄関ほどのよそよそしさ、ものものしさはない。勝手口のような、せわしさもない。外に向かって、ゆったり、温かく開いている」。

縁側の特徴と美点を見事に活写していて、間然するところがない分析と言って良いと思います。こうした着眼点には、檀ふみさんの建築を見る眼の確かさと見識が感じられて、建築家としては、「おちおちしていられない」気持ちにもなります。

そうそう、この本を読んでいると「おちおちしていられない」どころではなく「身の置きどころのない思い」を味わうこともあります。察しの良い人ならもうお分かりでしょう、そう、檀さんが二十代半ばに一念発起し、建築家に設計を依頼して建てた自宅の様々な不具合について言及しているところです。言及といっても、あの檀ふみさんの筆致ですから、言いつのるというような感じにはならず、どこかユーモアとペーソスのオブラートに包まれているのですが、建築家にとってはちょっとした針のムシロです。読者もこの章をしっかり読んで頭に刻みつけておけば、いつか家を建てる時には、建築家と対等に渡り合えるようになるはずです。さらに、普請の失敗談が、多くの読者の新築する際の生きた教訓となってくれれば、檀ふみさんもあえて自宅の不具合と不満を披瀝した甲斐があったというものです（私としては、この本がきっかけになって世の中に建築家への不信感が蔓延しなければ良いと祈るばかりですが……）。

中でも「雨漏り」の話は忘れるわけにはいきません。

「雨漏りの問題って、結構、建築において重大みたいよ。かっこいい設計であればあるほど、よく雨漏りするってどっかで読んだもの」（中略）

「そういえばバジルの家が、まったく雨漏りしないもんな」

バジルは飼い犬の名前です。つまり、犬小屋ぐらい簡素な屋根なら雨漏りもしないのに、「望んだわけでもないのに」建築家に押し切られて「かっこいい家」を建ててしまったために、檀さん一家は、雨漏りという厄介な問題を抱え込んでしまったというのです。

ふみさんとお兄さんが憂い顔を寄せ合い、こんな調子で話し合うところを読むと、気の弱い私などは、自分が設計した家の雨漏りのように相済まない気持ちで一杯になります。

また、応接間を取り巻く廊下の遥か高みの天井に設けられたガラスのトップライトの話も、私の顔を曇らせ、うなだれさせるのに充分でした。

ガラス屋根は当然汚れるから、住み手の檀さんとしては、やはりそのガラス拭きが気になります。

「汚れたら、いったい誰が拭くんですか」

檀さんは、そう建築家に質し、建築家はこう応えたといいます。

「助手を差し向けます」

しかし、結局、ガラスを拭きに来てくれるはずの助手は、家の完成以来、一度もやって来ませんでした。

これを読むと、檀さんと建築家との間に横たわっていた埋めようのない深い溝を覗き込むような思いにとらわれます。そして、この本の圧倒的な説得力は、こうした実話をサラリと語って聞かせる「檀流」の巧みなホンカク術に負うところが大きいのです。


ところで、私は、この本を、著名な小説家を父に持つ、才気溢れる女優さんの綴った気軽なエッセイ集として読んで欲しくないと思っています。できれば、この本を日々の暮らしの機微を愛し、家を単に住むだけの場所ではなく、遊び、感じ、親しむところにしたいと考える生活者の視点で書かれた、優れた「住宅論」として読んで欲しいのです。

書店には、住宅の実例集や、住宅建築家の紹介本や、住まいの性能に関するノウハウ本など、家に関する多くの書籍が並んでいますが、純粋に住み手の立場で、住まいの内外で起こったこと、感じたこと、考えたこと、夢想したことなどが、背伸びもせず、いじけもせず、遠慮もせず、取り繕いもせず、あくまでも等身大で書かれた本は珍しいと思います。この『父の縁側、私の書斎』が、住まいと暮らしを考える上で、得がたいヒントを与えてくれる本として、世の中に静かに浸透していくことを願ってやみません。

最後に、これから自宅を新築しようとしている方、あるいは、いずれ新築しようと考えている方に、私からアドヴァイスをひとつ。

建築家を選ぶときには、目星をつけた建築家に、とりあえずこの『父の縁側、私の書斎』を手渡して読んでもらい、読後の感想を聞くことにしたらいかがでしょう？

この本が、建築家を識別するための「踏み絵」として絶大な効果を発揮してくれることを、同業の私が自信をもって請け合います。

映画『MY ARCHITECT』を観て

横死《おうし》

巨匠と呼ばれた建築家が不慮の死を遂げることが多いのはなぜだろう。

ガウディはバルセロナの路面電車に轢かれて死んだというし、ル・コルビュジエは地中海で溺死した。カルロ・スカルパは日本滞在中に仙台で階段から転げ落ちて亡くなった。

二十世紀を代表する建築家、ルイス・カーンもそのように横死したひとりである。彼は一九七四年三月、インドからの帰路、ニューヨークのペンシルヴェニア駅で心臓発作を起こして亡くなった。所持品のパスポートの住所が消されていたため、身元不明の死者として三日間遺体安置所に置かれていた。

このドキュメンタリー映画は、ルイス・カーンと愛人との間に生まれた息子のナサニエル・カーンが、どこか謎めいた人物だった父親の面影を追って、生前、父親が心血を注いで取り組んだ建築を世界各地に訪ね歩き、また、生前の父親を知る多くの人たちに面会し、建築家としてのカーン、人間としてのカーン、男性としてのカーンについて幅広くインタビューして歩いた記録である。

寸言《すんげん》

映画の中でナサニエルのインタビューに応えて語るのは人種も年齢もまちまちな三十人あまりの老若男女である。親交のあった建築家、かつての協働者やスタッフ、音信の途絶えていた親類、愛人だったふたりの女性（その愛人のひとりがナサニエルの母である）、その愛人と本妻の間に生まれた姉たちふたり、ペンシルヴェニア駅で死に瀕していた父親に会った男、さらには、たびたびカーンを乗せたというフィラデルフィアのタクシードライヴァーなどが出てきて、口々にカーンの思い出を語る。ある者は淡々と、ある者は敬愛の念を込めて、ある者は非難の口調で、そしてあるものは思わず目に涙を浮かべて……。語られる内容はもちろんだが、人々のその表情、仕草、口調、間合いが素晴らしい。これこそがドキュメンタリー映画ならではの醍醐味であり、この映画の真骨頂である。

ここでは、内容の方から、そのさわりをひとつだけ紹介しておこう。

寡作だったカーンについて、売れっ子で多作の建築家、I・M・ペイが、表情豊かにこう語って彼を讃える。「建築家の仕事は数じゃないんだ、二、三の傑作の方が五、六十の駄作より重要なんだ。そう、量より質なんだよ」そして、こう静かに続ける。「建築は時間を超越すべきだ。今風の建築家の作品はエキサイティングでそれなりに面白いが、五十年後には果たしてどうなっていることだろう？　時間に耐えられるかどうか、これが建築の価値を計る尺度なんだ！」

映画館の暗闇で、私は胸の中で思わず共感の大きな拍手を贈る。

埋火《うずみび》

かつて愛人だったふたりの女性へのインタビューは、この映画に深い陰影とずっしりとした重量感もたらしている。家族愛を尊ぶアメリカで半世紀前にシングルマザーとして生きることはどれほど苛酷だったことだろう。顔に火傷の痕のある、甲高い声で話す、なりふりかまわず仕事に没頭する小がらな男を（不覚にも！）愛し過ぎてしまった女性の嘆き、閨怨《けいえん》、そして諦観《ていかん》がその表情と言葉から滲み出して、濡れたタオルのように見る者の心を湿らせる。八十歳を越えたふたりの老女の胸の中に、今でもルイス・カーンというひとりの男が埋み火のように生き続けているのを感じて憐憫《れんびん》の想いにとらわれるのである。

「彼は私たちと一緒に暮らすと言ったわ。私は今でもそれを固く信じてる」
未婚の母親は、ひとり息子、ナサニエルの仮借のない詰問に決然と応えて、森に向かって足取り重く歩み去る。

行間《ぎょうかん》

ドキュメンタリー映画が単なる記録映画ではなかったことを、私は『MY ARCHITECT』というこの映画から学んだ。「主題」があり「ストーリーの構成」があり「撮影」があり「編集」がある。ドキュメンタリー映画にも、欠陥や緩みがあってはならないことは言うまでもないが、その点でもこの映画は非の打ちどころがない。なによりも「映像そのもの」に語らせる力量に舌を巻かざるをえない。インタビューと インタビューの合間、すなわちストーリーの行間に挿入される映像が、この希有なドキュメンタリー映画をしっかりと裏打ちし、見事に支えている。このことで、『MY ARCHITECT』はドキュメンタリー映画以前に「映画」になっているのである。

後ろ姿を見せて去っていく人々を繰り返し繰り返し、カメラが追う。強風にあおられ葉裏をひるがえしてざわめく梢の映像に、義姉の冷ややかで感動的な言葉が重ねられる。

ソーク研究所の広場でひたすらローラーブレードに打ち興じるナサニエルに、父親に見守られて無心に遊ぶ幼い頃のナサニエルの姿が重なって見える。詩情のある映像がナサニエルの心象風景と見事に重なり合い、ナレーション以上に父への切々とした思慕の想いを語ってくれるのである。

最後に、心に沁みる「音楽」が絶妙の曲想で行間を埋めていて、この映画の感銘をいっそう深いものにしていることを言い添えておきたい。

伊丹十三という季節

　長めの正月休みをバリ島で過ごすことになり、出発の朝、旅行鞄に雑誌『考える人』の「エッセイスト伊丹十三がのこしたもの」という特集号を放り込んで出掛けました。

　今度の旅は無為徒食をきめこむつもりだったので、持参した読み物はその一冊だけ。おかげで、滞在先のホテルではこの雑誌を繰り返し眺めることになったのですが、そうしているうちに、「正確には、いつ頃から私は伊丹十三の影響を受け始めたんだろう？」とか「私が伊丹から受けた影響って、一体、どんなものだったんだろう？」ということが気になりだしました。

　こういうことは気になり出すと放っておけません。帰国後、さっそく、伊丹十三の著書の中でも言いまわしをおぼえるほど読んだ三冊の本、すなわち、『ヨーロッパ退屈日記』、『女たちよ！』『問いつめられたパパとママの本』を、しばらくぶりに本棚から取り出してみて、思いがけない発見をしました。

今の私に、もうそのような習慣はありませんが、十代の終わりから二十代半ばごろまで、私は本を買うと、裏表紙をめくったところに、買った日の日付を書き付けることにしていたようです。「ようです」というのは妙な表現ですが、じつは、自分がそんなことをしていたことさえすっかり忘れていたのです。というわけで、三冊の本には日付がありました。「発見」とは、そこに書き込まれていた日付のことです。

日付によれば、三冊のうちで一番最初に買ったのが『女たちよ！』で、一九七〇年十一月十八日。二番目が、『問いつめられたパパとママの本』で『女たちよ！』の五日後の十一月二十三日。最後に買ったのが、『ヨーロッパ退屈日記』で、さらにその二日後の十一月二十五日でした。

つまり、私はこの三冊の本をわずか一週間の間にたて続けに買い漁り、貪るように読んだのです。一九七〇年十一月、私は二十二歳になったばかりの若造でした。たて続けに買った、とあっさり書きましたが、当時の私は、美術大学に通う文字通り貧乏を絵に描いたような学生でしたから、一週間に本を三冊も、それも、本業の建築関係以外の本を買うというのは、食事を何度か抜かなくてはならない出費だったはずです。しかも本をめくっていて思い出しましたが、『女たちよ！』以外の本は、そのころ住んでいた東村山市からわざわざ新宿の紀伊國屋書店まで（電車賃を払って！）買いに行ったのに手に入らず、中央線沿線の古本屋を虱つぶしに探し歩いて買い求めたのでした。

そもそも『女たちよ！』を買ったのは、本屋でふと手にした本の――配偶者を求めております――という、あの卓抜なあとがきを読んでいて、「一、「サリンジャーのキャッチャー・イン・ザ・ライ」が一番好きな小説で」という一文に出会ったのがきっかけでした。と言うのも、じつは、『ライ麦畑でつかまえて』が、そのころ私の一番好きな小説だったからです。たちまち私は伊丹十三という人物に、特別な親近感と信頼感を抱きました。それはちょうど、離れて暮らしていた兄が突然目の前に現れ、私に向かって悪戯っぽくウィンクしてくれた、といった感じでした。

本に書き付けられた切迫した日付は、「女たちよ！」を一読したとたんに、私が伊丹十三のエッセイに心奪われ、盲目的な心酔者になったことを物語っています。ですから「いつ頃から影響を受けたか？」のこたえは、初めて彼の本を買ったその日、すなわち、一九七〇年十一月十八日ということになります。振り返ってみると、私は伊丹十三に内部からじわりじわりと染めあげるように影響されたのではなく、頭からいきなり染料をザブリとかけられたように影響されたことに気づきます。

そう、それはまた、なんの前ぶれもなく私の人生に訪れた「伊丹十三という季節」

でした。そして、その「季節」は思いのほか長く続きました。

まず、この「季節」は、私に旅への憧れ、とりわけヨーロッパの国々とその文化への憧憬をつのらせました。私は伊丹十三のエッセイから、外国の風景、風土、風物、風俗、風習を先入観のない自分の眼で見ることの大切さを学び、その国の風と光を自分の皮膚でじかに感じることを学んだように思うのです。また同時に、旅を自分流のやり方で優雅に愉しむ方法も教わりました。いつのまにか、旅することが私の生活と分かつことのできない習慣となり、住宅設計や家具デザインの源泉となり、文章を生み出す養分となりました。

旅といえば、こんなことがあります。

この二十数年来、私はイタリア製の革の小銭入れを使いつづけており、愛用のその小銭入れが草臥《くたび》れてくると、なんとか都合をつけてフィレンツェの馴染みの店まで仕入れに出掛けているのですが、これなんかは、なんのことはない、『ヨーロッパ退屈日記』の中の「ロンドンからヴェニスにドッグシューズを買いに行く話」から影響を受け、そのままそっくり真似していたことになるのです。

そしてまた、この「季節」に、私は料理への興味を抱くようになりました。料理することの愉悦を伝える伊丹十三の文章の魅力は、なによりも具体的かつ実際的であることです。簡単に言えば、読んでいるうちに料理してみたい気持ちが胸中にフツフツと湧き上がってきて、矢も楯もたまらず台所に立ちたくなるのです。私は伊丹の書いた方法でスパゲティを茹で、二日間かけて正しい方法で黒豆を煮（「二日間だけ真剣に取りくめば、日本一の黒豆ができるのだから、読者よ、どうかその労をいとわないでもらいたい……」という言葉に励まされながら）、両手の小指を巧みに使うことでダグウッド・サンドウィッチの中身をこぼさずに食べ、包丁は重心を摑んで持つのが正しいことを図解付きの解説によって教わったのです。このことで、料理は私が自分の生涯で身につけた、もっとも重要かつ有用な生活技術になりました。

このように私は、伊丹十三という季節から、「旅」と「料理」という、人生におけるふたつの大きな財産を授かったわけですが、もちろん、財産はそれだけではありませんでした。

たとえば、それは、マガイモノとマニアワセを嫌い、正統と本格を尊ぶ心です。本物の贅沢を愉しみ、ニセモノやツキナミを排除する精神です。事物をありのままに観察し、想像力を働かせてその本質を見抜くことです。時流や風潮に流されない確固とした信念を持つことです。生来の眼とセンスに磨きをかけ、自分ならではの美学を培うことです。そして、なによりも、ユーモアとウィットを宿した柔軟な精神の持ち主になることです。

伊丹十三はこうした意味でも、私の人生の航路を決める水先案内人でした。

さて、伊丹十三から受けた影響について思い巡らしながら、一番大切なことを書き忘れていたことに思いあたります。大きすぎる影響は視界から消えてしまうものなのでしょうか。そもそも、私がこうしたエッセイめいた文章を少しずつ書くことになったそのことが、伊丹十三から受けたもっとも大きな影響なのでした。

「伊丹十三という季節」がゆるやかに過ぎ去った三十歳台のなかば頃から、私は見よう見まねで文章を書き出し、いつのまにかそれがまとまって数冊の本になりましたが、そんなことになったのも、伊丹十三という先達が、私のように文章とは縁遠い職業の人間のために、しっかりと道を切り開いておいてくれたからなのです。

見よう見まねは、じつは、もうひとつあります。伊丹十三のエッセイに私が魅せられた背景には、彼の描くイラストレーションに強烈に惹かれたことがありました。線描の影の表現に特徴のある、時代がかったエッチング風のイラストにも、軽妙な線画の迷いのないタッチにも、私はこれまでどれくらい長い時間見入っていたか分かりません。そして、そのイラストの周囲に書かれた手書きの文字のホンワカとしたえもいわれぬ味わいには、熱いため息すら洩らしたのです。

いつのまにか私は、自分でもイラストを描いて文章に添えるようになり、イラストの周囲に手書きの文字で短い説明を付け加えるようになっていました。

私はこの文章の冒頭を「伊丹から受けた影響って、一体、どんなものだったんだろう？」とのんびりした調子で書き出しましたが、いや、はや、どうもそれどころではなかったようです。もしも私があの年齢で伊丹十三の三冊の本に出会わなかったら、今ごろ私はまったく別な人生を歩んでいたに違いありません。手持ちのカードを洗いざらい目の前に並べてしまったような塩梅ですが、どうやらそういう次第でした。

私の人生の春先から初夏にかけ、暖かな陽射しと恵みの雨をそそぎ続けてくれた「伊丹十三という季節」に、ここで、あらためて感謝の気持ちを捧げたいと思います。

小春日和の教室

『芸術新潮』二〇〇五年七月号「日本民藝館にいこう」に寄せて

駒場に「日本民藝館」という毛色の変わった美術館があることを教えてくれたのは、水尾比呂志先生でした。大学一年生の秋ですから、今から三十七年前のことです。ある日、水尾先生は授業の本題に入る前のまくらに日本民藝館の話をされ、私は耳をそばだてました。授業の後で、資料の片づけをしている先生から少し詳しくその民藝館の話を聞きましたが、先生は授業中と変わらない淡々とした口調で、とにかく行って見て来なさい、という意味のことを言われ、駅からの道筋を教えてくれました。

日本民藝館に出掛けたのはその直後です。当時の私は柳宗悦のことも、民芸運動のこともまったく知りませんでしたが、私の眼には、訪れたその美術館のたたずまいや、多種多彩なコレクションや、展示の方法や、無造作に壺に生けられた草花が……つまりすべてのものが、ものめずらしく、新鮮に映りました。それだけではありません。美術館の内部にたちこめていた濃密な空気(気配、と書くべきかもしれません)が、自分にとってなにか特別な意味を持つものに感じられたのでした。

その翌年あたりから、学園紛争が激化し、私の通っていた大学も封鎖され、長い休校状態に突入しました。学内だけでなく、世の中全体が騒然としていた激動の時代でした。しかし私は、抗議集会やデモに積極的に参加するでもなく、鬱々とした気持ちを抱きながら所在ない日々を送っていました。

私が足繁く民藝館に通っていたのは、ちょうどこのころです。

世間では反体制運動が激しく吹き荒れているのに、日本民藝館はいつ行っても嘘のように静まりかえり、おだやかな小春日和という感じがありました。展示物に見入ったり、黙々とスケッチしたりしているうちに焦燥と鬱憤で波立つ心は次第に凪いで、胸のうちに不思議な平安が訪れるのでした。今、あらためて思い返すと、私は、封鎖されてしまった大学の代役を、無意識のうちにこの美術館に求めていたのかも知れません。そう思うと腑に落ちます。日本民藝館は、建築家と家具デザイナーの両方を目指していた私にとって、李朝の家具やイギリスのウィンザーチェアなどの生きた教材を目の当たりにできるだけでなく、撫でさすったり、実測したりすることもできる格好の教室でした。そして、家具に対する興味と同様に暮らしの道具や工芸品にも関心のあった私は、展示ケースの中の品々をガラス越しに眺め、その愛らしい形と素材感を自分の手の感触として覚え込ませるためにスケッチを繰り返しました。

こうした「自習」の合間に、大階段の裏手にあった広間で、本を読んだり、ぼんやり考えごとをしたりして過ごすのも、民藝館での私の大きな愉しみでした。床に大谷石を敷き詰めたこの広間は、ゆったりとおおらかな空間で、高い天井に取り付けられた障子を通した自然光が、柔らかく部屋全体を包み込んでいました。今も変わりないかも知れませんが、そのころ、この美術館を訪れる人は極端に少なくて、そのことも私は気に入っていました。平日の午前中など、見学者は私ひとりだけ、なんていうこともよくありました。こんな日、私は、学芸員よろしく展示室のひとつひとつをゆっくり「巡回」し、それが済むと、大広間のウィンザーチェアに腰をおろし、目の前の大テーブルの上におもむろに読みさしの本やスケッチブックを広げるのでした。「ああ、これで美味しいコーヒーの一杯でも出してもらえれば、それこそ申し分ないのになぁ」。何度、私はそう呟いたかわかりません。もちろん、素っ気なさを信条にしているように見受けられるこの美術館に（言うまでもなく、その素っ気なさがこの美術館の魅力のひとつです）、そうした心くすぐる洒落たサービスはありませんでした。

それからまた何年かが経ち、その広間が壊され建て替えられたことを知って、私は完成間もない建物を見学がてら出掛けていきました。広間のあった場所の二階部分には新しい広間＝展示室ができていましたが、そこは当然ながら、私のお気に入りだったあの広間とは似て非なるものでした。目の前には、あの広間にたち込めていた空気の匂いや、展示物が語りかけるささやき声や、空間全体の持っていた体温に似た温もりなど、私の愛した「気配」を綺麗さっぱり拭い去った、四角い抜け殻のような部屋が拡がっていました。

このとき私は、日本民藝館が自分にとってかけがえのない教室だった時代が終わったことを、しみじみ悟ったのでした。

あとがき

建築学生だったころ、将来は住宅設計と家具デザインを自分の生涯の仕事にしていきたいと考えていました。

もちろん漠然とした思いで、設計事務所の実態や家具デザインについて、分かっていたわけではありません。ただ「そうなったらいいな」というぐらいの願望でした。生来「成り行きまかせ」の呑気な性格ですから、刻苦勉励したわけではありませんが、「夢」はいつの間にか孵化し、気がつけば思いどおりの小さな設計事務所で、スタッフと一緒に住宅設計と家具のデザインに明け暮れる充実したその日暮らしです。

そんな毎日が二十年ほど積み重なって、これまでに百軒を超える住宅を設計し、多種多様な家具をデザインしてきました。

予想外だったのは、そうした仕事の合間に書いた原稿が意外なほど多かったことです。

作品解説あり、ルポルタージュあり、エッセーあり、気の張らない雑文ありで、寄せ集めてみるとさながら雑貨屋の店先です。

そんな文章を探し出して、丹念に読んでくれていた奇特な人がいました。王国社の山岸久夫さんです。ある日、事務所にあらわれた山岸さんは、熱く語り、愉快にビールを飲み、発表原稿のコピーひと束を抱えていそいそと帰って行きました。

その原稿の束が、丁寧に仕分けされ、慎重に取捨選択され、並べ替えられ、綴じられたのがこの本です。

素顔の住まいを愛する人、普段着の暮らしの好きな方に読んでいただけたら幸いです。

二〇〇二年三月

中村好文

文庫本のためのあとがき

ぼくの著書としては二冊目にあたるこの本が王国社から出版されたのが二〇〇二年ですから、もう十八年前のことになります。

そのときは、本になるということだけで大満足で、ぼく自身は『普段着の住宅術』というタイトルをつけたこと以外は、編集はもちろん、ブックデザインから装幀に至るまで、すべて出版社にお任せして、出版されるその日を待ちました。

もともとこの本は、依頼に応じてあちらこちらに書いた原稿を寄せ集めて編集した本でした。そのため内容も文体もまちまちで、さながら雑貨屋の店先のようでしたが、その雑駁感《ざっぱくかん》がどこから読んでもいいという気楽さを醸し出していたのでしょう、（こんなこと言ったら王国社の方に叱られるかもしれませんが）意外なほど多くの方に読んでもらうことができました。そしてさらに嬉しいことに「この本を読んで共感するところが多かったから……」と、設計を依頼してくれた奇特な方たちの住宅を何軒も手掛けることになりました。

このようにぼくはこの本から有形無形の恩恵を受けることができたのですが、このたびは、思いがけなく筑摩書房の編集者、大山悦子さんから文庫本化のお話を頂戴しました。

棚から牡丹餅《ぼたもち》がもうひとつ落ちてきたような塩梅《あんばい》です。

さて、今回の文庫本化に際して、ぼくのしたことがふたつありました。

ひとつは単行本の時にはいっさい口を挟まなかった本文やカバーのデザインに、少しばかり意見や希望を述べさせてもらったこと。具体的には写真と図版の多いこの本を視覚的にも楽しめるデザインにすることでした。この要望にデザイナーの宮巻麗さんが十全に応えてくれて、ぼくの意向を過不足なく反映した素敵な文庫本に仕立て上げてくれました。

もうひとつは、巻末に「おまけの頁」を付け加えたこと。

こちらは正確にはぼくがしたことではなく大山さんからの提案でしたが、これまでに書いた書評や映画評や文庫本の解説などを再録することができ、晴れて読者の皆さんに読んでもらえることになったのです。

先ほども書いた通り、ご覧のとおり雑貨屋のような品揃えの本です。パラパラっとめくってお目にとまったところから、拾い読みしていただけたら嬉しい限りです。

二〇二〇年十月十二日

中村好文

本書は二〇〇二年四月三十日、王国社から刊行された作品に、
「建築家の本棚から」をはじめとする加筆をしたものです。

ちくま文庫

普段着《ふだんぎ》の住宅術《じゅうたくじゅつ》

二〇二〇年十二月十日　第一刷発行

著　者　中村好文（なかむら・よしふみ）
発行者　喜入冬子
発行所　株式会社　筑摩書房
東京都台東区蔵前二―五―三　〒一一一―八七五五
電話番号　〇三―五六八七―二六〇一（代表）
装幀者　安野光雅
印刷所　株式会社精興社
製本所　加藤製本株式会社

ISBN978-4-480-43705-1 C0152